A INVENÇÃO DA VELHICE MASCULINA

Valmir Moratelli

A INVENÇÃO DA VELHICE MASCULINA

Da Antiguidade às séries de *streaming*, como se formou a ideia do homem idoso

© 2023 - Valmir Moratelli
Direitos em língua portuguesa para o Brasil:
Matrix Editora
www.matrixeditora.com.br
/MatrixEditora | @matrixeditora | /matrixeditora

Diretor editorial
Paulo Tadeu

Capa, projeto gráfico e diagramação
Patricia Delgado da Costa

Revisão
Cida Medeiros
Silvia Parollo

CIP-BRASIL - CATALOGAÇÃO NA PUBLICAÇÃO
SINDICATO NACIONAL DOS EDITORES DE LIVROS, RJ

Moratelli, Valmir
A invenção da velhice masculina / Valmir Moratelli. - 1. ed. - São Paulo: Matrix, 2023.
224 p.; 23 cm.

ISBN 978-65-5616-366-6

1. Envelhecimento. 2. Velhice - Aspectos sociais. I. Título.

23-85426   CDD: 612.68
                    CDU: 612.68

Gabriela Faray Ferreira Lopes - Bibliotecária - CRB-7/6643

SUMÁRIO

APRESENTAÇÃO Por Rosane Svartman — 7

INTRODUÇÃO
A REPRESENTAÇÃO IMAGÉTICA DAS VELHICES — 13

CAPÍTULO I
A INVENÇÃO DAS VELHICES AO LONGO DOS TEMPOS — 23

1. Antiguidade: em busca da fonte da juventude — 25
    1.1. Antigo Egito — 27
    1.2. Escrituras religiosas — 30
    1.3. Confúcio e Lao — 31

2. Beleza e força greco-romanas — 33
    2.1. A velhice na filosofia grega — 35
    2.2. A questão romana — 40

3. Povos originários: velhice e oralidade — 46
    3.1. Os nórdicos — 46
    3.2. A "palavra dos velhos" nas Américas — 47
    3.3. O griô africano, o Preto Velho brasileiro e a crença australiana — 51

4. O velho medievo — 55
    4.1. Corpo como gesto da alma — 59

5. Renascimento europeu: há um velho no teto da Capela Sistina — 66
    5.1. As rugas do barroco de Caravaggio — 69
    5.2. Romantismo: o tempo no espelho — 73

6. Modernidade, a fábrica de fazer velhos **75**
    6.1. Cézanne, Van Gogh e outros retratos. 78
    6.2. Progresso sob as tintas de Picasso, Portinari e Baluschek 80
    6.3. Por dentro das fábricas (e o olhar do cinema) 84
    6.4. A liquidez da velhice e as novas temáticas seriadas. 90

7. O velho no mal-estar neoliberal **94**

CAPÍTULO II
SABERES DO CORPO ENVELHECIDO. **103**
    1. Corpo e poder na discussão etária. 106
    2. Os rostos por trás do capuz de *Os amantes*, de Magritte. 111
    3. Aspecto físico e aspecto simbólico. 114
    4. Homem, antônimo de velho. 116
        4.1. Quanto à virilidade. 117
        4.2. Quanto ao espaço de ocupação (Modelo de degraus) 125
        4.3. Quanto à (im)produtividade 132
        4.4. Quanto à finitude. 137

CAPÍTULO III
QUEM É VELHO NO BRASIL **143**
    1. Um velho país jovem já na sua *Primeira missa* 143
        1.1. A velhice trazida da Europa. 146
        1.2. Surge um "novo" país. 148
        1.3. A masculinidade brasileira nos traços de Debret. 149
        1.4. Da arte do barro, uma percepção única. 150
    2. Evolução demográfica brasileira 151
    3. A afrovelhice. 158
    4. O "social dominante" da velhice masculina no audiovisual. 168
    5. A velhice contemporânea sob o olhar de dois Antônios. 174
        5.1. Um velho em *Bom sucesso* e outro na *Casa de antiguidades*. 182
        5.2. A sociedade sob ameaça, o idoso sob vigília 190

CONSIDERAÇÕES FINAIS **195**
    Do que Saturno tem fome 195

AGRADECIMENTOS. **201**

REFERÊNCIAS **219**

APRESENTAÇÃO

Por Rosane Svartman
Novelista da TV Globo e doutora em Comunicação/Cinema pela UFF

Olho-me no espelho e de repente se passou mais de meio século. A sensação de viver uma dobra no tempo não é um privilégio meu. A diferença entre o tempo da rotina que se esgarça e o tempo que parece passar rápido demais é lugar-comum em tantas narrativas que tentam entender uma dimensão incompreensível! Lembro-me de Carl Sagan em seu clássico programa matinal *Cosmos,* falando sobre seres fictícios da segunda dimensão: o plano. E então ele colocava uma maçã em cima da folha de papel que simbolizava um ser da segunda dimensão e dizia que era a chegada de um ser da terceira dimensão: o cubo. A quarta dimensão seria o cubo ao cubo: o tempo. Não entendemos o tempo porque somos apenas seres da terceira dimensão, limitados como aquela folha de papel diante da chegada da maçã. Da mesma forma que esse ser imaginado da segunda dimensão olha com medo e encantamento para a maçã, assim percebemos o tempo.

Nessa pesquisa publicada com um nome perfeito, *A invenção da velhice masculina,* Valmir Moratelli examina a representação do envelhecimento sob a perspectiva da masculinidade. Penso que provavelmente jamais serei um homem velho, seja lá o que significa ser velho na atualidade, e deixo a procura dessa definição para Moratelli. No entanto, através das narrativas que escrevo, já fui e serei um. Isso porque um roteirista precisa criar pontes de empatia e entrar na pele dos seus personagens.

Nos filmes, peças e novelas, geralmente "homens velhos" são reis magníficos e decadentes, como Lear; homens de negócios poderosos ainda tentando manter o controle, como Logan Roy; mafiosos perigosos prestes a serem traídos, como Don Vito Corleone; grandes sábios mercuriais, como Alberto Prado Monteiro da novela *Bom Sucesso*, de 2019, na Globo, que escrevi com Paulo Halm. Restam às mulheres, com algumas exceções, personagens demonizadas pela idade, como bem definiu Meryl Streep em mais de uma entrevista durante o lançamento do filme *Caminhos da floresta*, de 2015. Ela achou que precisava explicar por que, aos 65, aceitou fazer uma bruxa, papel repetidamente oferecido a ela desde que fez 40. As "mulheres velhas" nos filmes, peças e novelas são atrizes decadentes, como Norma Desmond; mulheres traídas e amargas, como Madame de Merteuil, e bruxas diversas, de Odete Roitman à bruxa Haia.

Moratelli faz uma reflexão, neste livro, sobre como a mídia reproduz noções de hierarquia construídas e introjetadas na sociedade em representações do poder masculino. A dimensão subjetiva de uma sociedade machista, racista, desigual e injusta permeia também a cultura que ela produz. Mas é papel da cultura também discutir temas latentes dessa sociedade, testar fronteiras, trazer questionamentos com a consciência das fragilidades e potências de uma coletividade em construção. A cultura nos faz humanos e é um espelho das nossas imperfeições. Inclusive por isso não acredito em Inteligência Artificial fazendo arte, mas isso é outro assunto.

Quando escrevo uma novela, busco conversar com pessoas por trás das pesquisas estatísticas ou de tendências às quais tenho acesso. E eu amo uma pesquisa. Diante de uma nova população de "superidosos" no país, que trabalham, voltam a estudar, namoram e consomem, busquei em *Vai na fé*, novela das 19 horas da Globo, trazer personagens com mais de 60 anos se reinventando, vivendo conflitos, romances, realizações. No capítulo de 26 de maio de 2023, foi ao ar uma cena de Dora e Fábio, um casal com mais de 60 anos, nus em uma cama se beijando. É uma cena pouco vista na televisão aberta, e menos ainda em uma novela, onde as relações sexuais entre pessoas dessa faixa etária são poucos exploradas. Em *Bom sucesso*, eu e Paulo Halm fizemos uma cena similar com os personagens de Antônio Fagundes e Angela Vieira. No entanto, a repercussão foi menor do que eu esperava em relação às outras pautas presentes nesse mesmo capítulo de *Vai na fé*.

Minha ferramenta de busca natural sobre a repercussão da novela, ou o boca a boca amplificado, são redes sociais específicas, onde a maior parte do público é de menos 30. A única forma que eu tenho, como autora, de ter acesso a um retrato mais fiel do público de uma novela da TV aberta é por meio de pesquisas qualitativas ou grupos de discussão que só acontecem uma vez durante o processo de escrita. E, nessas pesquisas, eu sempre me surpreendo com as diferenças de perspectiva e de consumo do que encontro nas redes sociais. Por outro lado, um discurso sobre etarismo de Renata Sorrah no papel de Wilma Campos, na mesma novela, ganhou as redes. A cena foi escrita por Mario Viana, da equipe de roteiristas, e nela Wilma diz que seu grande pecado foi envelhecer, e pior, envelhecer mulher.

A perpetuação da ode à juventude no consumo também é tema deste livro. A tendência de o corpo jovem ser associado ao belo e o envelhecido, ao grotesco, é um termômetro do espírito da sociedade contemporânea. São valores já consolidados, como observa Moratelli. O etarismo ou idadismo como preconceito é uma "novidade" que surge também a reboque das ondas de demissões com a precarização do trabalho, que miram em geral os mais velhos, mais caros e mais experientes. Mas o preconceito com quem é mais velho, também abordado por Moratelli, apesar de não ser recente, está possivelmente sendo mais debatido na atualidade. As leis que regem e se modificam a partir da sociedade ainda não deram conta desse novo fenômeno. O artigo 20 da Lei nº 7.716, de 1989, trata da discriminação ou preconceito de raça, cor, etnia, religião ou procedência nacional, mas não cita idade, por exemplo.

Mel Brooks concebeu a série *História do mundo: parte 2*, uma sequência do seu filme *História do mundo: parte 1*, de 1981, para a plataforma digital Hulu. Logo nos primeiros minutos vemos uma versão jovem e forte do artista com mais de 90 anos, criada por computador, que narra os episódios. Mel Brooks brinca que foi sua única exigência para fazer a série. Por computador, personagens de filmes de ficção científica, como *Tron, Blade runner e Guerra nas estrelas,* se tornam mais jovens; e atores que já se foram voltam à vida. Robert de Niro ficou 30 anos mais jovem – e, mais estranho, num filme de época de Martin Scorcese. Por outro lado, comemoramos o brilho de Fernanda Montenegro aos 93 em cena, e que Ken Loach aos 86 anos teve um filme concorrendo no prestigiado Festival de Cannes de 2023.

A médica e escritora Ana Claudia Quintana Arantes, em seu livro de 2021, *Pra vida toda valer a pena viver,* compara se preparar para envelhecer a se preparar para ir ao deserto. Assim tornamos nosso corpo habitável. Na Bienal Internacional do Livro do Rio de Janeiro de 2019, o filósofo, professor e escritor Mario Sergio Cortella respondeu à pergunta sobre o que é, afinal, felicidade. Disse que, para ele, felicidade era encontrar encantamento no mundo mesmo aos 65, sua idade na época.

Na minha receita pessoal de como desejo envelhecer, junto Ana Claudia e Cortella, procurando preservar o corpo saudável dentro do possível e a cabeça que ainda se surpreende com a vida. Mas o livro de Moratelli, a quem dedico esta apresentação, não é sobre isso. Mais uma vez, o livro é sobre a construção da representação do homem velho. Portanto, volto aos personagens que ajudei a escrever. Fábio, da novela *Vai na fé,* é livre, hedonista, um tanto devasso e apaixonado. É um homem que desistiu de toda uma vida por um grande amor e não se arrepende. Dedicou sua existência a esse amor e, consequentemente, a um modo de vida longe dos grandes centros urbanos; e assim colocou os filhos, que ama, em segundo plano. Alberto, da novela *Bom sucesso,* é egoísta, genioso e genial. Ao se deparar com a finitude, decide viver intensamente e aprender coisas novas com a jovem costureira Paloma, uma mulher empática e completamente diferente dele, exceto a paixão pelos livros e suas histórias.

Esses personagens foram criados a partir de minhas próprias referências, conscientes e inconscientes, considerando também parceiros de escrita, atores e direção. Por outro lado, teóricos como Stuart Hall e John Fiske, ponderando sobre recepção, apontam que o espectador tem o poder de interpretar personagens, histórias e notícias a partir de seus próprios textos, referências e momento histórico-cultural. O poder é do espectador.

No início deste texto eu citei o programa *Cosmos*, de Carl Sagan, a partir da minha própria leitura, contaminada pelas lembranças, minhas interpretações e associações. Nada é realmente novo no audiovisual, tenho certeza disso. A diferença está em como a história é contada.

No entanto, penso que este livro é uma forma de refletir e tentar entender de onde esses personagens e outros tantos surgiram nessa invenção da velhice. Assim como é a cultura que nos faz humanos, são as histórias que narram a nossa civilização.

"Quando se vê, já são 6 horas...
Quando se vê, passaram 60 anos...
E se me dessem – um dia – uma outra oportunidade,
eu nem olhava o relógio
Seguia sempre...
E iria jogando pelo caminho
a casca dourada e inútil das horas"

O tempo, de Mário Quintana

INTRODUÇÃO

A REPRESENTAÇÃO IMAGÉTICA DAS VELHICES

Questões sobre a velhice e o audiovisual

O ator Antônio Fagundes reproduz uma cena de perseguição, em que precisa correr um trecho a pé e, em seguida, subir na boleia de um caminhão. O episódio regravado em 2003 é inspirado em outro realizado 22 anos antes. A ficção seriada *Carga pesada* teve duas temporadas na TV Globo: a primeira, de 1979 a 1981; e a segunda, de 2003 a 2007. Os protagonistas Pedro (Fagundes) e Bino (Stênio Garcia) são caminhoneiros que percorrem o país transportando mercadorias, e se envolvem em conflitos refletidos pelo contexto social do momento. Em entrevista a este pesquisador, Fagundes relembra a conversa com o parceiro de *set* ao terminar a regravação: "Ficamos exaustos com aquela cena. Stênio brincou que o caminhão estava vinte metros mais alto. Respondi que estava vinte anos mais alto!"

Este livro discute a representação do envelhecimento sob a perspectiva da masculinidade. Guiando-nos no contrapelo da história, termo do sociólogo alemão Walter Benjamin, fazemos uso de fontes imagéticas (pinturas, fotografias, esculturas e registros arqueológicos) para interpretar fenômenos sociais, posto que qualquer expressão artística é entendida como documento que evidencia traços civilizatórios. Assim, também nos tempos atuais, se evidencia a centralidade da produção audiovisual na geração de sentidos e emoções. Tudo é imagem.

Já neste preâmbulo convém afirmar que a velhice foi tratada com desdém desde a origem das produções audiovisuais, no limiar do século XX. Considerado inventor de recursos criativos da linguagem cinematográfica, o diretor estadunidense David Llewelyn Wark Griffith introduziu novidades em mais de 400 curtas-metragens que produziu entre 1908 e 1913. Foi o responsável por levar ao cinema os movimentos de câmera, ações paralelas, tomadas em primeiro plano, utilização dramática do *close-up* (plano fechado) e a criação do suspense em imagens. D. W. Griffith também se preocupou em defender uma estética que se perpetuaria no audiovisual, repetida à exaustão por gerações. Dizia ele que "pessoas velhas, tidas como feias, não devem ficar na frente das câmeras. A câmera foi feita para captar beleza e juventude". Não é de se espantar então o viés preconceituoso e racista em suas obras, em defesa de uma supremacia masculina jovem e branca – como em *O nascimento de uma nação*, de 1915, quando Griffith expôs uma ideologia racista ao defender que a Ku Klux Klan surge para livrar moças jovens e indefesas de rapazes negros e maus. Muito além do caráter temático das obras, seus feitos técnicos e estéticos ditariam o processo criativo da indústria imagética que eclodiu com o cinema.

Vários trabalhos dão conta da relação direta do aparato televisivo e a influência da experiência cinematográfica de décadas anteriores. No caso do Brasil, por exemplo, atores e diretores de cinema foram captados pela televisão, na iniciante produção de telenovelas da década de 1950. A "estética da beleza" já era refletida por uma publicidade baseada na valorização exacerbada do corpo jovem. A linguagem audiovisual não inaugura o discurso narrativo de crítica ou apagamento do envelhecimento, mas tangencia valores já há bastante tempo consolidados na sociedade, para se firmar no reconhecimento e na identificação dos novos consumidores.

Velhos, pobres, pessoas gordas, deficientes, negros, indígenas e todos os demais grupos que não se enquadram nas características predominantes de uma classe média valorizada nos centros urbanos, e sem poder de consumo, não são acolhidos pela representação que força uma homogeneidade de comportamentos e saberes. Também o foco na masculinidade heteronormativa idosa como objeto de reflexão ainda é visto sob a égide de uma perspectiva inovadora, já que seu conceito se fixa na crença de uma masculinidade hegemônica imutável. Pensar a dominação masculina como incondicional é ignorar, por exemplo, o efeito das velhices na representação desse gênero, causando problemas de ordem social e particular. O termo "velhice" precisa ser entendido em sua pluralidade, rompendo o entendimento de uma visão hegemônica.

A escolha por investigar representações imagéticas passa por acolher o que o filósofo francês Georges Didi-Huberman chama de "tirania do visível": se não está aos olhos dos demais, não existe, classificando o mundo das imagens no limite entre lógica e subjetividade, e por isso dotado de perspectiva que merece olhar crítico. O mundo das imagens não rejeita o mundo da lógica, pelo contrário. Joga com ele, ou seja, cria lugares dentro dele.

Toda representação parte do pressuposto de que há um poder intrínseco a ela, sendo chave para se interpretar o poder exercido em suas formas. Na vida contemporânea, o impacto dos meios de comunicação na constituição de identidades já foi observado por diversos pensadores, sob diferentes perspectivas. Simone de Beauvoir, por exemplo, cita noções de hierarquia masculina reproduzidas pela mídia como poderosa forma de submissão do gênero feminino, e exemplifica a representação do poder masculino.

Ao analisar sociedades em seus contextos temporais, é também plausível discutir a representação televisiva do envelhecimento no Brasil, tão complexo e desigual, marcado por forte racismo estrutural. Por fim, pensar na trajetória construída por dois atores (os Antônios Pitanga e Fagundes) nos auxiliará a compreender meandros que regem representações da velhice masculina. Reiterando o relato de Antônio Fagundes que abre esta introdução, a velhice masculina se relaciona ao reconhecimento da perda e da força. O que coloca em choque a definição de masculinidade, um lugar imaginário de sentido estruturante nos processos de subjetivação, sustentado por uma ordem de comportamentos socialmente sancionados – condizentes com força e comando.

A palavra "velho" deriva do latim *vetulus*, que significa "aquele que não é novo". Na Roma Antiga, os *senes* (velhos) e *seniores* (mais velhos) constituíam o *senatus* (Senado), mais importante instituição de poder à época. Ou seja, mesmo entre os considerados velhos, havia subdivisão. Quem pertencia ao *senatus* era *senex*, por apresentar acúmulo de experiências, sendo capaz de deliberar sobre decisões do império. Só era considerado *senex* o homem que tivesse boa situação e propriedades. Friedrich Engels contabiliza que, entre 17 e 30 anos, o indivíduo era chamado de *adulescens* (jovem); entre 30 e 46, *Iuuenis* (ou pós-jovem); dos 46 aos 60, *sene* (em tradução livre, cinzento/grisalho). Depois disso, *sênior*. Esses termos remetem claramente a efeitos físicos da passagem do tempo sobre a vida do ser humano, são classificações etárias que correspondem à organização social e disputa geracional a partir de identificações visuais.

O sociólogo polonês Zygmunt Bauman fala de "sobreposição", isto é, de coexistência parcial entre gerações. Para Gilberto Freyre, a classificação etária obedece a contraposições: elas se complementam, mas também se opõem umas às outras. A substituição geracional carrega a experiência vivida em certas transformações sociais, permitindo, se não o apagamento, outras leituras. Alguns exemplos: a atual juventude cubana não experimentou o país pré-revolução de 1959, aprisionado pela forte presença estadunidense, mas já nasceu sob as consequências de um regime posterior; os sobreviventes de Auschwitz, todos hoje acima dos 90 anos, nos levam a pensar sobre a importância da manutenção de suas memórias que denunciam os horrores nazistas. O mesmo se aplica ao contexto recente da realidade brasileira, quando uma insurgente quantidade de pessoas que, não tendo experimentado os horrores da ditadura militar (1964-1985), a defendem como solução para crises econômicas e políticas, ignorando fatos concretos e amplamente registrados. Há aí choque de gerações, compostas por pessoas que não experienciaram os mesmos problemas históricos concretos.

Interessante pontuar que, mesmo entre os que integram a chamada "juventude", há divisões classificatórias modernas, como "geração Y" (nascidos entre as décadas de 1980 e 1990) e "geração Z" (nascidos a partir de 1995). O mesmo não se vê ocorrer tão comumente para os que integram a chamada "velhice", muito mais homogeneizada num só segmento.

O uso das definições de velho/novo ou de jovem/idoso" diz respeito, portanto, a uma disputa geracional na qual não é possível definir "velho" sem pensar na sua oposição, "jovem". Elas são fruto de um confronto pela liderança do movimento das ideias. O valor imputado a essas classificações depende de contextos sociais que se transformam ao longo do tempo. Por estar atrelada à produção social de contexto histórico e reflexo biológico, a velhice não pode ser definida como homogênea. O próprio termo admite adequações instáveis também no Brasil.

Em levantamento deste autor no acervo da Biblioteca Nacional, a palavra "idoso" foi encontrada já sendo utilizada na imprensa brasileira no começo do século XIX. O primeiro registro encontrado é do diário baiano *Idade d'Ouro do Brazil*, edição 078 de 1813. Ainda que não haja descrição etária, também se utiliza o termo para definir aspectos de escravizados, como na edição 300024, de 1830, do *Diário do Rio de Janeiro* e em *O Globo*, homônimo ao jornal atual, na edição 54, de 1852. Já o *Diário do Rio de Janeiro*, na edição 0300023, de 1822, cita "idoso" para vaga de emprego. O termo "terceira idade" surge na imprensa brasileira na edição 0030 de *O Cruzeiro*, de 1944, usado como pós-adolescência em matéria sobre ginástica para mulheres. Só em 1971 o termo é empregado como sinônimo de velhice, em uma reportagem sobre o lançamento do livro *Velhice*, de Simone de Beauvoir, no *Jornal do Brasil*, edição 00276. A partir de então, "terceira idade", já popular na França desde 1960, seria adotado com frequência no país. A criação do termo é atribuída ao gerontologista francês Jean-Auguste Huet, cujo início cronológico coincide com a aposentadoria. Mas também se trata de um termo abrangente, por não comportar em um único conceito a idade etária e a idade social do indivíduo.

A produção das categorias de idade é uma criação arbitrária, envolve luta política pela redefinição dos poderes ligados a grupos sociais distintos em diferentes momentos do ciclo da vida. Não existe sociedade humana que não faça classificação por sexo e idade. Esses papéis são elementos primordiais para organizações sociais, não necessariamente determinadas apenas por esses fatores. Essas definições são sugestivas, não exclusivas. Por serem papéis sociais, os comportamentos são associados às aparências, mas não são biologicamente determinados.

O estudo sobre o envelhecimento começou em 1903 com o biólogo franco-russo Ilya Ilyich Mechnikov, que criou o termo gerontologia (do grego "gero", velho e "logia", estudo) para designar a especialidade que estuda os processos fisiológicos do envelhecimento. No Brasil, é considerado idoso o indivíduo com idade igual ou superior a 60 anos (art. 1º da Lei nº 10.741/2003), seguindo a Organização das Nações Unidas (ONU). A lei que promulga o Estatuto do Idoso regula, entre outros direitos, a obrigação do Estado e da sociedade em assegurar à pessoa idosa liberdade, respeito e dignidade, como pessoa humana e sujeito de direitos civis, políticos, individuais e sociais, garantidos na Constituição. Com a Lei 13.466/2017, criou-se o "superidoso", acima de 80 anos, que necessita de prioridades – como fila especial, além das que são reservadas aos idosos.

Boa parte da literatura geriátrica considera idoso quem tem a partir de 65 anos. De modo geral, o idoso também é identificado como velho, velhote, senil, sênior, ancião, pertencente à terceira idade ou melhor idade, aposentado; ou por gírias populares, como coroa, grisalho, velha guarda, platinado, prateado, maduro, veterano, encarquilhado, caquético, jurássico, matusalêmico etc. Usaremos neste livro comumente "velho" (para épocas anteriores à Modernidade, a fim de evitar anacronismos) e "idoso".

Não há consenso sobre as terminologias utilizadas nessa temática, em constantes reformulações, visto que a idade numérica não é um dado da natureza, nem deve ser fator explicativo dos comportamentos humanos. Do mesmo modo, há vários termos para denominar o preconceito etário. Ageísmo (que vem do inglês *ageism*)¹ refere-se ao preconceito que ocasiona a discriminação etária, cabendo tanto para os mais velhos quanto para os mais jovens. Na tradução para o português, costuma-se usar "idadismo", de mesma definição. Também é comum "etarismo" ou "idosismo", este último apenas aos mais velhos.

O conflito não está apenas em definições sobre quem é idoso, mas também como se carregam sentidos ao termo. Como a Era Moderna inaugura a associação do trabalho à dignidade humana, se acentua valor pejorativo a quem não cabe em certas tarefas, assunto que será discutido ao longo dos capítulos. Sem conceito fixo, a velhice obedece a transformações na dimensão biopolítica e mercadológica da estética do corpo. Outra possível leitura da velhice na Modernidade é compreender o que Luis Antonio Groppo relata sobre a história da juventude moderna. O sociólogo recorre à formação das classes burguesas, no advento do capitalismo industrial, para reforçar como classificações etárias passam a dominar o conceito social do indivíduo. Ele cita a importância da diferenciação de classes para entender experiências de juventude, posto que são as classes burguesas e aristocráticas que primeiro a vivenciam, e só depois as classes trabalhadoras. Tal como a velhice, a juventude sofre variações, mesmo quando se trata de indivíduos de uma mesma classe ou estrato social, de igual ambiente ou etnia.

No contexto da ascensão de sociedades aristocráticas, a criação da categoria "jovem" equivale à estratégia das famílias para preservar poder e patrimônio. Mas é ao longo do século XX que o envelhecimento populacional se torna questão econômica, passando à esfera pública, com o advento da previdência forjada pelo Estado. Ao definir parâmetros para organizar essa parcela populacional, promove-se como consequência a homogeneização da velhice. Diante de novos desafios, como a imposição da permanência no mercado de trabalho por mais tempo devido a sucessivas reformas da previdência, avanços da medicina, crises geradas pela recente pandemia de covid-19, entre outros, o idoso atravessa as primeiras décadas do século XXI

---

1 Termo empregado pela primeira vez pelo gerontólogo Robert Butler no artigo *Age-Ism: another form of bigatry*, da revista *The Gerentologist*, de 1969.

tendo que se adaptar a uma realidade desfavorável. Por não haver um interregno (na acepção gramsciana), mas sim a aglutinação de valores de diferentes épocas, a velhice desprendida do seu plural reforça a homogeneidade da categoria etária. As representações, ao abrirem mão da diversidade social, reforçam a impossibilidade de alcance de políticas públicas mais eficientes numa sociedade em franca expansão de taxas de expectativa de vida.

Onde estão as imagens de idosos

É constatada diariamente a escassez de representação de idosos em obras ficcionais, e sua consequente limitação temática no amplo universo da velhice. Há avanços recentes, com a maior oferta de produções por empresas de *streaming*, ainda que seja um fenômeno inicial, que merece ser observado com cuidado no desenrolar do prelúdio da terceira década deste século. A utilização imagética das representações acompanha o ser humano há milênios. O historiador Gottfried Boehm diz que o homem, por ser o único animal a se interessar pelas imagens, é, portanto, um "*homo pictor*". Produzir uma imagem é mais um ato de diferenciação do que de criação, porque está na diferenciação a escala de valores que lhe é atribuída.

Na era das imagens sonoras, as tecnologias que permitem a "funcionalidade" da linguagem audiovisual carregam sentidos complexos, ao reunir som e imagem numa produção fílmica de alcance imediato e abrangente, trabalhada no cerne da subjetividade humana. É um processo em curso ao longo do último século, que vem se acentuando com a possibilidade de novos meios digitais, ferramentas tecnológicas de interatividade e o processo de conectividade planetária. No entroncamento entre mídia e consumo, a espetacularização da vida cotidiana permite que se identifiquem as representações sociais que melhor atendam a uma demanda de mercado.

A espetacularização do cotidiano tende a promover a visibilidade como ferramenta de importância social do sujeito, alimentada por uma subjetividade de sentidos que visa à homogeneização de existências. O deslumbramento audiovisual, nesse contexto, representa a possibilidade de uma existência simbólica ultravalorizada. A afeição pelos aspectos de juventude e a consequente escassez de idosos nas representações audiovisuais promovem a ideia de que ninguém pode envelhecer, se quiser continuar a existir. Como resultado de uma cultura hedonista, tem-se a depressão e outros distúrbios psíquicos na desvalorização pública, que reforça um lugar subalternizado.

Assim, propomos nesta obra pensar o modelo hegemônico de masculinidade com estranhamento, desnaturalizando-o. Entender as idiossincrasias percebidas nas imagens é um bom exercício para a interpretação das transformações etárias. Efeito natural do tempo, o envelhecimento, fenômeno biológico com consequências psicológicas, modifica a relação do homem com o mundo e com sua história.

Recordo quando acompanhei, como jornalista, o último plantão do médico Ivan Santana Dória no Hospital Municipal Miguel Couto, o primeiro neurocirurgião negro do Rio de Janeiro e referência em sua área de atuação. Aos 74 anos, ele chegara à idade-limite da aposentadoria compulsória como servidor público. Entre atendimento de pacientes e atividade intensa no centro cirúrgico, Ivan me relatou que se preparava havia dois anos para aquele dia, o momento de parar: "Uma sensação de vazio muito ruim. Como disse George Harrison quando os Beatles se separaram, todas as coisas têm que passar... Nessa sociedade, é muito difícil envelhecer"[2].

Amparados no aspecto da atual relevância imagética da linguagem audiovisual, pretendemos nas próximas páginas entender em que possibilidades as construções sociais dialogam com a realidade pautada pela inutilidade das horas.

---

2 Disponível em: https://tab.uol.com.br/noticias/redacao/2022/04/05/sensacao-de-vazio-o-ultimo-plantao-do-1-neurocirurgiao-negro-do-rio.htm. UOL, 5/4/2022. Acesso em: 14/6/2023.

"Os seres humanos sucedem-se uns aos outros
como as folhas nas árvores."

Odisseia, de Homero

CAPÍTULO I

A INVENÇÃO DAS VELHICES AO LONGO DOS TEMPOS

Quando se pensa em uma análise das alterações de representação da velhice ao longo dos tempos, como uma forma de compreender a fluidez de seus significados em diferentes sociedades, também se abre uma discussão sobre a estrutura de poder na qual tais representações se inserem. Pensar nelas é também questionar os motivos pelos quais são/foram realizadas, aceitas e socialmente mantidas.

Há um cruzamento de subjetividades tanto por parte de quem as concebe quanto de quem as interpreta, que não deve diminuir em nada o estudo. É preciso estar atento ao fato de que a fonte histórica é subjetiva, ainda que a fonte oral seja a que permite desafiar essa subjetividade derivada da percepção humana. Ao desenterrar as pistas, remontar os retalhos de memória, dar sentido a fragmentos soltos no tempo e cavar outros fragmentos que auxiliem nessa remontagem, surge outra possibilidade de leitura, outra verdade, outras narrativas. A memória está sempre sujeita a distorções e novas versões.

Em *O contador de histórias*, o sociólogo alemão Walter Benjamin defende que a narração perde espaço para o romance na modernidade, pois este é produção literária de recepção individual. No entanto, há uma forma ainda "mais ameaçadora": a informação jornalística diária. Precisando a narrativa cada vez mais ser dotada de agilidade, a ponto de se tornar rapidamente perecível, característica da era digital, ainda é a arte de narrar que permite a troca de experiências e sua possibilidade de se tornar comunicável. Tal experiência predispõe sustância à própria existência de quem tem o domínio da história, a partir de suas vivências ao relatá-la como bem preferir. É o narrador quem tem a liberdade de guiar os fatos, levando-os adiante, numa teia artesanal de informações e interpretações pelo que julga ser útil. Benjamin descreve o narrador como um mestre sábio, por dignificar a história e perpetuá-la. O tema da narração é fundamental por apresentar o paradoxo da modernidade, identificado especialmente pelo comportamento da burguesia no fim do século XIX. A "perda de referência coletiva" torna-se notória, como também a perda do compartilhamento da experiência, da capacidade de transmissão entre gerações (pobreza da experiência, esfacelamento da narrativa). Entre a experiência vivida e o relato, o "contista" deixa a sua marca nas diferentes etapas da *narratologia*. A informação dissipa a autoria e a concentra em torno de instituições.

Anteriores à "nuvem", avanço tecnológico que organiza em pastas digitais nossas mais íntimas lembranças, eram em pastas físicas de material fotográfico que as famílias tinham suas histórias compartilhadas. E era comumente aos idosos atribuída a função de guardar e dar sentido narrativo aos álbuns de fotografias. Às mulheres idosas, mais especificamente, foram dadas funções de edição e guarda de memória.

Sendo memória o conjunto de recordações acumuladas ao longo de um tempo predefinido, capaz de atingir o presente quando as lembranças evocam representações úteis do dia a dia, é no resgate do passado para servir ao presente que ela age. Muitos dos registros que serão analisados nas próximas páginas não foram pensados, em sua criação, para representar a consciência de um tempo. Isso se deve mais à leitura investigativa de um passado que se faz deles no presente. Pensemos a memória inclusive em sua ausência, porque as escolhas por apagamentos, e não só por registros, também contêm informações. Os espaços em branco nos dizem até mais do que os devidamente preenchidos. É o inesgotável mundo intermediário das interpretações que devemos focar.

Por se formar de fragmentos e atravessamentos que constituem nossa própria percepção de mundo, a interpretação não é imutável nem única. Entende-se, assim, que narrativa (oral, escrita, imagética) não é a recuperação do rastro, mas a organização de fragmentos que compõem comunicação que dê sentido atualizado ao que se vê como arcaico. Interpretar a representação de velhices é um exercício de buscar a identidade do que é imemorial, já que estamos trabalhando nas possibilidades de espaços ora preenchidos, ora apagados.

Que temáticas do corpo envelhecido as pinturas renascentistas nos trazem aos tempos atuais? Como os escritos platônicos dialogam com a cultura imagética na contemporaneidade? Qual é o papel historicamente atribuído aos mais velhos em diferentes sociedades? Essas e outras perguntas devem estar apoiadas na certeza de que o narrador é sempre parte do seu meio. O narrador de seu tempo constitui e reconstrói a memória como parte da consciência contemporânea. Somos o que entendemos que um dia fomos, e seremos o que um dia entenderão o que fomos. As pessoas que seremos, quem sabe, no futuro só serão compreendidas se entendermos as pessoas que um dia fomos no passado.

1. Antiguidade: em busca da fonte da juventude

Através dos séculos e em diferentes culturas, o processo de envelhecimento despertou reflexões e compreensões muito distintas. Já nas sociedades originárias das Américas, África e Oriente Médio, os velhos eram vistos ora com veneração pela sabedoria acumulada com o tempo, ora como indivíduos que necessitavam de cuidados.

Considerado o mais antigo registro literário conhecido atualmente, o sumério *Gilgamesh*, de cerca de 2700 a.C., fala sobre um herói de mesmo nome à procura de uma fonte milagrosa capaz de dar a imortalidade ao homem. Trata-se de uma relíquia arqueológica da mais antiga civilização do sul da Mesopotâmia, na região dos rios Tigre e Eufrates, e que atualmente está, em sua maioria, em exposição no British Museum, em Londres, e no Museu Sulaymaniyah, no Iraque. A epopeia foi descoberta entre 1872 e 2014 em um conjunto de placas de argila escritas em caracteres cuneiformes nas ruínas da região mesopotâmica, próxima ao Iraque e à Síria. Traduzido do acádio, esse ainda fragmentado poema, anterior a Homero e aos textos bíblicos, traz valores do mundo já elaborados de forma sofisticada. No trecho final da epopeia, após narrar aventuras e perigos, surge o tema que nos interessa: a citação sobre a velhice, numa história sobre a busca da imortalidade. Utilizando a versão traduzida em português de Dault de Oliveira, sabe-se que cabe a uma mulher fornecer o segredo da imortalidade ao guerreiro Gilgamesh. Ela fala sobre uma planta presente no fundo do mar capaz de dar a eterna juventude a quem a comesse. O herói então amarra pedras nos pés, mergulha no mar e encontra a planta mágica, trazendo-a para a superfície. Antes de comê-la, decide dividi-la com os anciãos da sua cidade, Uruk. No caminho de volta, cansado, adormece. Uma serpente sente o cheiro da planta e se apossa dela, em seguida muda de pele e rejuvenesce. Gilgamesh descobre que falhou e regressa decepcionado para Uruk.

A velhice, na citação sobre os anciãos de Uruk, já aparece, portanto, nesse antigo registro literário de mais de 4 mil anos. Cabe a um guerreiro descobrir uma forma de interromper o passar do tempo, devolvendo-lhes a juventude. Entretanto, conforme outra tradução, de Pedro Tamen, essa imortalidade tão desejada por Gilgamesh se dá de outra forma. Os versos finais anunciam: "Tudo isso era obra de Gilgamesh, o rei que conheceu os países do mundo. Ele era o sábio, viu os mistérios e conheceu as coisas secretas. Transmitiu-nos uma história dos dias antes do dilúvio. Fez uma longa jornada, conheceu o cansaço, esgotou-se em trabalhos e, ao regressar, gravou em uma pedra toda a história".

Ou seja, Gilgamesh vence a batalha contra o tempo por meio de suas obras, a partir da sabedoria alcançada em vida e sua história transmitida às gerações futuras. Assim, esse achado arqueológico ilustra a obsessão do homem, desde muito tempo, com o desgaste biológico da vida.

A lenda de uma fonte de juventude voltaria a aparecer em vários outros momentos da história da humanidade. Pausânias, geógrafo e historiador grego (cerca de 180 d.C.), assinala uma fonte próxima a Náuplia, no Peloponeso, na qual Hera se banhava para parecer jovem a Zeus, seu marido. Alexandre, o Grande (356 a.C. – 323 a.C.), teria procurado pela fonte da juventude (ou rio da imortalidade) durante sua campanha na Índia, em 326 a.C. Na Idade Média, a lenda se disseminou pela Europa. A chegada de Cristóvão Colombo a novas terras reacendeu o tema em 1492, imaginando-se que a fonte capaz de vencer a velhice estaria nas virgens e misteriosas matas das Américas.

1.1. Antigo Egito

A representação da velhice através de pinturas começa a surgir no período do Antigo Egito, onde se desenvolveu o mais longevo Estado na história da humanidade. Sabe-se que as famílias costumavam ser numerosas e unidas. Porém, alguns registros mantidos até a atualidade mostram a forma como os egípcios se relacionavam com seus entes mais velhos. Hieróglifos pintados nas tumbas de Saqqara e de Mereruka (6ª Dinastia, 2350 a.C.) revelam que os mais velhos da família recebiam atenção redobrada. Nesses sítios arqueológicos é possível visualizar a imagem de um jovem oferecendo algo à boca dos mais velhos. O egiptólogo Mohamed Elgannam, da cidade do Cairo, explica a este autor que, pelos registros, havia a noção de filhos ajudarem os pais, em especial os filhos homens que herdavam o trabalho do seu progenitor. Elgannam explica que há desenhos que mostram filhos levando o pai em um barco no rio Nilo e cuidando da sua saúde, dando-lhe remédio à boca [Figura 1]. Em outra imagem, filho apoia seus pais velhos ao caminharem lado a lado [Figura 2]. Em algum momento do ano, os antigos egípcios faziam a "Adoração dos Antepassados", quando o filho mais velho destinava oferendas para o pai falecido, como registrado na tumba de Betoseirs (época ptolomaica, 350 a.C.), na vila arqueológica Tuna El Gabal, ao sul do Egito [Figura 3].

Também vem do Antigo Egito um exemplo que contraria a ideia de que a alta taxa de mortalidade impediria que sociedades antigas tivessem pessoas velhas em plena atividade. Chamado de Neferkara, Pepi II (2287 a.C. – 2187 a.C.) assumiu o trono possivelmente aos 6 anos e, segundo o Papiro Real de Turim, reinou durante 94 anos, o que o torna o monarca que mais tempo permaneceu no trono. Também conhecido como Lista de Reis de Turim, é um papiro em 160 fragmentos exposto atualmente no Museu Egípcio de Turim. Data da época de Ramessés II e menciona os nomes dos faraós que reinaram no Antigo Egito, precedidos pelos deuses antes da época faraônica. Também nesse papiro consta que a mãe de Pepi II, Anquessenpepi II, foi provavelmente regente do trono durante sua infância e juventude. Entretanto, em sua maioria, os governantes não gozavam de boas condições de saúde, o que supõe, por consequência, quão dura seria a realidade da população comum. Era normal terem de lidar com fome, desnutrição, doenças infecciosas, desordens gastrointestinais severas provocadas pelo consumo de água contaminada do rio Nilo, além de altíssimos índices de mortalidade infantil.

Era uma característica da população do Antigo Egito, não só dos súditos, mas também dos faraós, a má qualidade de vida, com expectativa de apenas 30 anos. Acredita-se que viveriam até por volta dos 45 anos, em sua maioria. Os registros do historiador grego Heródoto (485 a.C. – 425 a.C.) são fontes importantes dessa época. Provavelmente escritas entre 450 e 430 a.C., as *Histórias de Heródoto* foram posteriormente divididas em nove livros. Os seis primeiros relatam o crescimento do Império Aquemênida. Os demais descrevem a tentativa do rei persa Xerxes I de vingar a derrota persa em Maratona e absorver a Grécia no Império Aquemênida. Provavelmente foi durante o exílio que empreendeu as viagens que descreve, entre elas ao Egito, Itália e Ucrânia. A população masculina no Antigo Egito se caracterizava, segundo Heródoto, por indivíduos altos, sólidos e musculosos, largos de ombros e estreitos de cadeira, com braços e pernas alargadas, peitos fortes e salientes, rosto oval, boca carnosa e pele bronzeada. As relações sociais eram bastante definidas em princípios hierárquicos, nos quais os deuses encontravam-se no topo, seguidos pela vasta Assembleia dos Mortos e na base estavam os demais.

A morte, para os egípcios, não estava reduzida à velhice. Pelo contrário, a morte era um novo momento da existência. O tema morte era tão presente no dia a dia, que os faraós pensavam em seus rituais fúnebres desde cedo. Estavam sempre a esperar pela morte. Os hieróglifos nas paredes internas das pirâmides, o Livro dos Sarcófagos e quase todos os registros eram em referência à viagem do morto ao mundo celeste. A própria construção das pirâmides, imensos mausoléus que encantam turistas do mundo todo ainda hoje, era feita ao longo dos reinados de quem ali seriam sepultados com todos os seus pertences.

Portanto, essa foi uma sociedade que espalhou por milênios a idealização tradicional da morte, incluindo como etapas a vida terrena, o julgamento divino e a possibilidade de salvação. A morte não se relacionava com velhice, era sim uma etapa de passagem, uma etapa inerente à vida.

Quase ao mesmo tempo em que os sumérios dominavam a região na qual hoje se localiza o Oriente Médio, e quando o Antigo Egito mostrava sua força à beira do Nilo, surgia na Índia o hinduísmo. Assim como os egípcios, os indianos têm forte relação com o rio que atravessa seu país. De acordo com a tradição hindu, todos devem se banhar nas águas do rio Ganges pelo menos uma vez na vida. Para o hinduísmo, o Ganges é a personificação da deusa Ganga, que desceu à Terra a pedido de um rei hindu para anistiar seus pecados. Assim, o rio se tornou símbolo de purificação das almas. A cidade de Varanasi, fundada às margens do rio há cerca de 2,5 mil anos, ainda hoje é o destino de doentes e idosos, onde desejam passar seus últimos momentos de vida. Ao longo do rio, há inúmeras residências projetadas para abrigar moribundos, assim como templos, restaurantes e escolas de ioga. Na Índia, morte e vida também se entrelaçam.

Num primeiro momento, tal como possíveis leituras contemporâneas de achados arqueológicos de outros povos, registros textuais sânscritos podem levar a crer que essa sociedade estimulava normas para honrar os mais velhos através da piedade filial exemplificada em atitudes exemplares, o que a caracterizaria como uma sociedade gerontocrática sem ambiguidades. Contudo, sob julgamento do tempo presente, nos chama a atenção que alguns textos sânscritos descrevem a velhice como decrepitude. Isso está presente, por exemplo, nos Puranas (textos antigos hindus elogiando várias divindades), onde se lê a conformidade com a humilhação do corpo envelhecido. Ou ainda a ênfase da recomendação médica na terapia Rasayana. Uma das especialidades tradicionais do Ayurveda, conhecimento médico indiano, essa terapia tem como principal objetivo o rejuvenescimento. É indicada para que se evite a velhice. Também reforçamos a existência do uso da figura do homem velho em textos budistas e épicos como sinal da falácia materialista.

1.2. Escrituras religiosas

Essa ambiguidade faz parte da interpretação das civilizações antigas, seja por questões comportamentais, seja por traduções de escritos milenares. No livro bíblico *Eclesiástico*, originalmente escrito em hebraico, entre 190 a.C. e 124 a.C., o respeito do povo judeu pelos mais velhos pode ser verificado onde constam as "Obrigações dos filhos": "Filho, ampara a velhice de teu pai, e não lhe dês pesares em sua vida: e se lhe forem faltando as forças, suporta-o, e não o desprezes por poderes mais do que ele, porque a caridade que tu tiveres usado com teu pai não ficará posta em esquecimento". Costuma-se entender que a velhice era tão valorizada entre os hebreus, que maltratar os pais era crime punido com a morte. Os mais velhos tinham papel político na sociedade, pois o órgão máximo dos hebreus, o Sinédrio, era composto por setenta ilustres anciãos do povo.

É importante também mencionar que, na tradição muçulmana, o velho recebe atenção especial. Seguido pelos países islâmicos, o *Alcorão*, que se acredita ter sido escrito pelo profeta Maomé entre 610 d.C. e 632 d.C., traz referências da responsabilidade do filho para com seus progenitores. Em sociedades islâmicas, não é comum que haja asilos em funcionamento, por exemplo. Os velhos devem, preferencialmente, permanecer na companhia dos filhos. Diz um trecho: "Que sejais indulgentes com vossos pais, mesmo que a velhice alcance a um deles ou a ambos, em vossa companhia; não os reproveis nem os repilais; outrossim, dizei-lhes palavras honrosas. E estende sobre eles a asa da humildade, e dize: ó Senhor meu, tem misericórdia de ambos, como eles tiveram misericórdia de mim, criando-me desde pequenino!"

1.3. Confúcio e Lao

Alguns séculos antes da escrita do *Eclesiástico* ou do *Alcorão*, o filósofo chinês Confúcio (551 a.C. – 479 a.C.) já apregoava na Ásia conceitos de moral e de sabedoria, como a de que as famílias deveriam obedecer e respeitar o indivíduo mais velho. Seus pensamentos, considerados a base da filosofia oriental, visavam a uma estrutura nacionalista numa sociedade patriarcal. Isso porque o confucionismo tem como base a família, em cujos domínios todos devem obediência à figura masculina mais velha. A autoridade do patriarca mantém-se elevada com a idade. Até mesmo a mulher, tão subordinada na China Antiga, na velhice passa a ter poderes mais elevados do que os jovens homens, exercendo influência preponderante na educação dos netos.

Confúcio acreditava que a autoridade da velhice é justificada pela aquisição da sabedoria, pregando que aos 60 anos o ser humano compreende, sem necessidade de refletir, tudo que ouve; ao completar 70 anos, pode seguir os desejos do seu coração sem transgredir regras. É provavelmente o primeiro momento da História em que a velhice é determinada por uma faixa etária.

Assim Confúcio expressa as etapas da vida: "O Mestre disse: 'Aos 15 anos dediquei-me de coração a aprender; aos 30, tomei uma posição; aos 40, livrei-me das dúvidas; aos 50, entendi o Decreto do Céu; aos 60, meus ouvidos foram sintonizados; aos 70, segui o meu coração, sem passar dos limites'"[3].

Em geral, as sociedades da Antiguidade consideravam o estágio de velhice dignificante, porém merecedor de cuidados

---

3 CONFÚCIO, 2011, II.4.

por parte dos mais jovens. Ao filósofo e historiador Lao-Tsé – ou Lao-Tzi (604 a.C. – 531 a.C.), cujo nome significa "grande senhor" ou "velho mestre" (seu nome real seria Li Er ou Lao Dan), é atribuída a autoria de uma das obras fundamentais do Taoísmo, o *Livro do sentido da vida*. A influência dessa obra é tão disseminada que se tornou um dos livros mais traduzidos no mundo. Lao-Tsé entende a velhice como momento supremo, de alcance espiritual máximo, comentando que, aos 60 anos, o ser humano atinge o momento de libertar-se do corpo por meio do êxtase de se tornar santo. É o primeiro a instituir uma faixa etária bem delimitada para o começo da velhice.

Observemos como o ancião na China Antiga é dotado de características de um sábio, valorizado pelo conhecimento adquirido ao longo de décadas. Essa sabedoria deveria ser utilizada tanto no âmbito familiar quanto na atuação dos destinos políticos dos grupos sociais e na tomada de decisões importantes.

A herança filosófica de Confúcio está presente na relação dos orientais com seus idosos. Aproximadamente três quartos dos pais japoneses idosos vivem com os filhos adultos, padrão replicado na Coreia e na China. O Japão celebra anualmente o Dia do Respeito pelos Idosos, o "Keiro no hi", quando é feriado nacional; e os japoneses veem o 60º aniversário de uma pessoa como um grande evento, por marcar o rito de transição para a velhice. Tal como no hebraico, o respeito das culturas orientais em relação aos idosos também é refletido na linguagem. Os japoneses adicionam o sufixo "san" para se referirem com reverência aos mais velhos.

Na Índia e no Nepal, a tradição era que um casal recém-casado se mudasse com a família do noivo para a residência patrilocal. Mas devido às recentes mudanças econômicas na região, reflexo da globalização e da adoção de práticas neoliberais, os padrões de residência estão sendo remodelados. À medida que partes são urbanizadas, os filhos mudam-se para locais a centenas de quilômetros dos pais, o que tem exigido revisão de programas estatais para o cuidado dos idosos.

Mas a herança de Confúcio não se restringe ao Oriente. No bairro de Chinatown, no sul de Manhattan, em Nova York, há uma estátua do pensador diante de lojinhas de comércio diversificado. Em Atenas, na Grécia, o que não faltam são estátuas antigas. Em 2021, mais uma entrou para o rol de suas preciosidades públicas. Uma de Confúcio foi colocada lado a lado com a de Sócrates, de quem falaremos adiante, dois pensadores de culturas muito distintas. Até o Brasil tem um Confúcio para chamar de seu. Um rápido exemplo está no centro do Largo da China, uma praça movimentada de Curitiba (PR). Presente do governo chinês, a escultura é semelhante à que se via na Praça Celestial da Paz, em Pequim, há alguns anos. A que se encontra no sul do Brasil tem 2,96 metros de altura, contra os mais de 9 metros da escultura que esteve na praça chinesa, e que foi tirada do local sem maiores explicações do governo. A obra doada à capital paranaense tem linhas mais circulares, já a outra prima por uma forma mais geométrica. Porém, ambas representam um homem idoso, com barba e cabelos longos e mãos cruzadas. Confúcio é sempre representado em grandes proporções, o que ajuda a lhe conferir a grandeza e o alcance que seu pensamento tem ainda hoje.

2. Beleza e força greco-romanas

Se na civilização oriental Lao-Tsé relaciona velhice com libertação espiritual, e Confúcio defende a piedade dos filhos aos mais velhos, no Ocidente, em especial na Grécia, o advento da filosofia marca o declínio do pensamento mítico e o surgimento de um saber racional. Apreciadores do culto ao corpo jovem e saudável, os gregos enxergaram a velhice como um contraponto, tratada com desdém e até motivo de pavor, principalmente pela perda dos prazeres proporcionados pelos sentidos corporais. A relação entre o físico e o rendimento alcança o apogeu na Antiguidade Clássica (entre VIII a.C. e V d.C.), com os jogos olímpicos da Grécia. Os espartanos no século seguinte entenderiam exercícios físicos como ferramenta de guerra, disciplina cívica, endurecimento do corpo, energia física e espiritual para homens e mulheres.

Na Grécia Antiga, principalmente na civilização helênica (323 a.C. – 30 a.C.), onde o vigor característico da juventude era muito valorizado, a velhice era, em contrapartida, temida etapa da vida. Ao se analisar as esculturas gregas, é possível ter noção de como a busca pela perfeição da técnica e a exaltação à beleza física juvenil se atrelaram numa arte sem igual. O equilíbrio entre força e leveza valoriza a mensagem de que aquela civilização cultuava modelos específicos de beleza.

Nesse sentido, a estatuária grega apresenta os mais duradouros padrões de beleza na representação da forma humana. O ideal da beleza grega está relacionado a corpos viris (em esculturas masculinas) e curvilíneos (nos exemplos femininos). Complementa-se a isso uma valorização do corpo nu, majoritariamente jovem, com fisionomia de personalidade firme. Citamos como exemplos duas emblemáticas obras do período helenístico: *Vênus de Milo* [Figura 4] e *Laocoonte e seus filhos* [Figura 5].

Acredita-se que *Vênus de Milo* represente Afrodite, a deusa do amor e da beleza na mitologia grega, e conhecida como Vênus pelos romanos, uma das mais cultuadas da Antiguidade Clássica, símbolo da beleza ideal. Apesar de popularmente se acreditar que a imagem representa a deusa do amor, há quem defenda que se trata de Anfitrite, mulher de Poseidon, a quem prestavam culto na ilha de Milos, na Grécia, onde a imagem foi achada em 1820. Já a de *Laocoonte e seus filhos* simboliza uma das lendas da Guerra de Troia. Nessa figura épica, Laocoonte e os filhos Antífantes e Timbreu lutam contra uma serpente marinha. Há sugestão de movimento de força nas figuras, representadas com expressões marcantes, com destaque para a imagem maior e ao centro, um corpo masculino que traduz o destemor diante de ataques externos. A primeira estátua, de autor desconhecido, provavelmente produzida entre 100 a.C. e 190 a.C., se encontra no Museu do Louvre; a segunda está exposta no Museu do Vaticano e é atribuída aos escultores Agesandro, Atenodoro e Polidoro, datada provavelmente entre 27 a.C. e 68 a.C.

Porém, de maneira geral, à velhice masculina era destinada certa honra, visto que o rei costumava ser assistido por um conselho consultivo de anciãos. Eram as Gerúsias, presentes em especial em Esparta, com 28 membros acima de 65 anos. O conselho tinha muita autoridade, como o poder de avaliar qual recém-nascido deveria viver ou morrer. Mesmo onde a idade mínima para membro do conselho fosse 30 anos, como em Atenas, para fazer parte de um tribunal de arbitragem era necessário ter 60 anos.

2.1. A velhice na filosofia grega

Nos diálogos de Sócrates (469 a.C. – 399 a.C.) escritos por Platão (428 a.C. – 348 a.C.) estão os primeiros interesses pela questão da velhice. Em *A República*, de 380 a.C., narrado em primeira pessoa, Platão revela que Sócrates faz referência ao envelhecimento como ideia de que, para os seres humanos prudentes e bem preparados, não constitui peso algum.

No trecho do diálogo sobre a velhice, a seguir, entre Sócrates e Céfalo, há uma ideia de que as queixas e sintomas não devem ser atribuídos à velhice, mas ao caráter do ser humano. Para Sócrates, aquele que é naturalmente leve e bem-humorado não sentiria o peso dos anos. "Céfalo convidou Sócrates para visitá-lo, desculpando-se por não ir procurá-lo, pelo fato de estar velho e ser difícil sair de casa. Queria conversar com o amigo, pois, para Céfalo, quanto mais amortecidos ficam os prazeres do corpo, mais crescem o deleite e o prazer da conversação. Sócrates aceitou o convite, respondendo que lhe agradava muito conversar com pessoas de mais idade, que já tinham percorrido um caminho que ele teria que percorrer. Assim, deu-se o início da conversa, quando Sócrates perguntou a Céfalo como ele, já velho, se sentia ao atingir a fase que os poetas chamavam de o limiar da velhice. Céfalo respondeu que muito bem, pois a triste cantilena, evocada por muitos, responsabilizando a velhice por todos os males, para ele era decorrente da própria vida e não da idade avançada"[4].

A relação entre a prática filosófica e a análise da morte é o destaque em um dos mais famosos diálogos platônicos, voltado à questão da imortalidade da alma: *Fédon*, de 360 a.C. Na obra que narra os últimos momentos da vida de Sócrates, instantes antes de tomar cicuta em cumprimento à pena imposta pelas autoridades

---

4 BEAUVOIR, 1990, p. 135.

atenienses [Figura 6], o filósofo prefere a morte a ter que pautar sua vida pelas leis da pólis (ou cidade). Sócrates foi condenado em janeiro de 399 a.C., aos 71 anos, por acusação de ateísmo e de corromper os jovens com sua filosofia, o que na verdade encobria ressentimentos gerados por poderosos contra ele.

O tribunal de condenação de Sócrates foi constituído por 501 cidadãos. Entre as acusações, uma se referia à introdução de novas entidades divinas negando os deuses da pátria. Meleto, um dos acusadores, diz: "Sócrates é culpado do crime de não reconhecer os deuses reconhecidos pelo Estado e de introduzir divindades novas; ele é ainda culpado de corromper a juventude. Castigo pedido: a morte". O argumento pela morte se refere aos jovens como detentores de valor atacado, e por isso devia ser preservado a partir de sua condenação. Que valor era esse? A permanência de símbolos e ideias tradicionais, nos quais a pólis se sustentaria. Interessante perceber que coube a um velho a contestação social, algo que milênios adiante seria habitualmente tomado pela figura "rebelde" da juventude.

As estatuárias neoclássicas [Figuras 7 e 8], que remontam ao século XVIII, fazem a leitura de um Sócrates pensativo, com a mão no queixo, e a de um Platão ouvinte, atento ao que acontece ao seu redor. Ambos como homens velhos, sentados, contemplativos com a paisagem à frente – bem diferente da posição altiva ao centro da pintura francesa, que remonta a um Sócrates à beira da morte, mas não menos enérgico e ativo, cujo braço esquerdo em riste provoca a interpretação de sua oratória. São representações antagônicas, porque traduzem momentos diferentes entre si. Mas ainda assim são homens velhos em destaque pelas suas ações.

O confronto de ideias entre os pensadores gregos permite visualizar o surgimento de um cenário de contestação – ou de multiplicidade – do entendimento dos sistemas de vida política, da representação do homem e dos questionamentos sobre possibilidades de transformação a partir da palavra. Em particular nos discursos de Sócrates, escritos por Platão, há formas de compreensão da vida social e as organizações pelas quais ela se dá.

A construção do discurso entre os gregos nos faz perceber que a razão e a verdade são compreendidas por meio de dimensões não racionais e recursos ficcionais da linguagem. Há vários personagens importantes da Grécia Antiga que se prestam a esse papel, e que foram fartamente representados em estatuárias de diferentes estilos e épocas: Anacreonte, que cantou o amor e os prazeres do corpo, e para quem envelhecer é perder tudo que constitui a "doçura da vida"; Titon, que dizia ser preferível "morrer a envelhecer"; Homero, que ainda que associasse velhice à sabedoria, opunha-se a ela ao dizer que "os deuses odeiam a velhice"; e Aquiles, que preferiu a glória a uma vida longeva.

Lembremos da imponente *Vênus de Milo* [Figura 4], estátua do período helenístico, que representa Afrodite, deusa do amor e da beleza. Em exposição no Museu do Louvre, em Paris, essa obra sintetiza muito dos valores de elegância e da beleza feminina clássica – uma mulher jovem, cujo corpo seria o padrão estético a ser alcançado e desejado por gerações. O corpo masculino valorizado pelos gregos é o de força e virilidade, que esteja em ação, quase sempre representado por deuses ou guerreiros na guerra, em batalhas e na atuação esportiva, como se vê comumente nas pinturas dos vasos da época. É um contraste permanente com o desgaste temporal do corpo entregue às forças da natureza, que dinamitam sua moral, segundo a filosofia da época. Destacamos, por fim, *Hércules em repouso*, datado do século III d.C. a partir de original do século IV a.C., que se encontra no Museo Archeologico Nazionale di Napoli, na Itália. Essas esculturas dão a dimensão da valorização do corpo pela força e pelas curvas. Visualmente, o corpo humano é cultuado em sua melhor forma física, tal como defendido nos discursos.

Já aos 80 anos, ao escrever *Leis*, em 437 a.C., Platão enfatizou as obrigações dos filhos para com os pais anciãos, salientando que nada é mais digno que um pai ou uma mãe, um avô ou uma avó. Tal preocupação de Platão com obrigações dos filhos lembra a piedade filial descrita por Confúcio ou, ainda, a maneira como os egípcios se relacionavam com os mais velhos, repletos de cuidados e proteção.

Em oposição à visão platônica, Aristóteles (384 a.C. – 322 a.C.) considera o velho como sendo reticente, hesitante, lento, de mau caráter. Em *Ética*, onde se concentram seus escritos mais famosos, Aristóteles ensina que o ser humano progride somente até os 50 anos. Diz que os velhos só imaginam o mal, são repletos de desconfiança e que essas características são consequência da experiência de vida que os humilhou, sendo carentes de generosidade, vivendo mais de recordações do que de esperanças e desprezando a opinião alheia. Para ele, os velhos não mostrarão nem confiança excessiva oriunda da temeridade, nem temores exagerados, mas se manterão num justo meio relativamente a esses dois extremos. Aristóteles chega a afirmar que a confiança deles não é geral, nem a desconfiança, e em seus juízos inspiram-se de preferência na verdade. "Não vivem exclusivamente para o belo, nem para o útil, mas para um e outro igualmente. Não se mostram sovinas nem esbanjadores, mas nesse particular observam a justa medida."

Em *Poética*, provavelmente escrito entre 335 a.C. e 323 a.C., Aristóteles explica o uso da metáfora citando a velhice como finalização da vida. Vale lembrar que o termo metáfora (de que trata largamente a *Retórica* III) é usado num sentido mais amplo do que na atualidade, abrangendo figuras a que hoje chamamos sinédoque e metonímia. Ao dizer que metáfora "é a transferência de uma palavra que pertence a outra coisa, ou do gênero para a espécie", ele dá este curioso exemplo: "A taça está para Dioniso como o escudo está para Ares[5]. Assim, dir-se-á que a taça é o escudo de Dioniso e que o escudo é a taça de Ares. Ou a velhice está para a vida como o entardecer para o dia. Poder-se-á dizer, então, que o entardecer é a velhice do dia ou, como Empédocles, que a velhice é o entardecer da vida ou o crepúsculo da vida. Todavia, em alguns casos de analogia, não existe palavra apropriada, mas proceder-se-á exatamente da mesma maneira".

---

5 Exemplo de metáfora por analogia (a taça do deus do vinho e a espada do deus da guerra), que figura também em *Retórica* III.

Essa concepção de velhice permite a Aristóteles definir velhos como indivíduos menores, sem cargos de importância política. Assim, ele faz uma definição orquestrada das fases da vida, dando à velhice o caráter de ausência de aptidões em todos os aspectos. Ele defende que a juventude é corajosa e intemperante, e a velhice, temperante e tímida. Numa palavra, todas as vantagens que a juventude e a velhice possuem separadamente se encontram reunidas na idade adulta; onde os jovens e os velhos pecam por excesso ou por falta, a idade madura dá mostras de medida justa e conveniente. Tal como Confúcio, Aristóteles também determina uma faixa etária precisa para as etapas da vida. Ele defende que a idade madura para o corpo vai de 30 a 35 anos; para a alma, situa-se por volta dos 49 anos.

Aristóteles também reduziria o velho na concepção das relações individuais, e não apenas na questão da esfera pública. Em *Ética a Nicômaco*, diz que está impregnada na velhice a característica na qual se baseia o interesse de se buscar algo em troca. Ou seja, não é genuína a aproximação, porque esse tipo de amizade (entre velhos e jovens) parte mais dos velhos, "pois na velhice as pessoas buscam não o agradável, mas o útil". O velho só se aproximaria por interesse, possuindo sentido específico para suprir alguma de suas necessidades e carências.

Considerando que o agradável, ou ainda o que causa prazer, constitui um dos pilares para a construção da amizade, Aristóteles compara os velhos a pessoas amargas, não tendo amigos – isso porque os jovens, detentores de vigor e cordialidade, se afastam do que é repulsivo e interesseiro, e ao velho é destinada a solidão.

O conceito da *demokratia* ateniense (*demo*, povo; *kratos*, governo) inaugura a noção de igualdade entre homens adultos perante as leis e o direito de participarem diretamente do governo na pólis. É quando a lei passa a se sobrepor aos homens. A pólis é compreendida como espaço da existência humana, cuja participação na política se torna possível quando o homem supera as necessidades básicas de sobrevivência. Esse ambiente, entretanto, preserva *status* a grupos subjugados, os chamados excluídos da vida da pólis – mulheres, crianças, escravos e velhos.

A estes grupos era destinada a vida familiar, ou *oikos*. Somente os velhos abastados participavam das decisões da pólis, em posição privilegiada que lhes permitia interferir na vida pública.

2.2. A questão romana

A relação de proximidade entre sabedoria e velhice, trazida pelos pensadores gregos, também se repetiria na Roma Antiga, visto que o Senado era a mais importante instituição de poder, cujo nome deriva de *senex* (do latim, homem velho). Os romanos preservavam as suas tradições com o que eles chamavam de *mos maiorum* (costume dos antigos). Nesse ponto o velho teria uma posição de detentor do conhecimento. O senador Marco Túlio Cícero (106 a.C. – 43 a.C.) chama o Senado romano de "assembleia dos anciãos".

A relação do velho com a sociedade romana se dava por meio da propriedade. O título *Senex* era concedido apenas aos homens velhos com famílias que tinham situação abastada na aldeia. Ou seja, a posição socialmente privilegiada dos velhos estava relacionada ao poder aquisitivo. Não se pode, assim, afirmar que todo velho tinha posição privilegiada e que era tratado com respeito.

A primogenitura não existia entre os romanos. Logo, era o pai quem escolhia qual dos filhos teria a honra de a seguir a carreira militar, algo bastante custoso à época. Em contrapartida, o costume ensinava os mais novos a se curvarem à anterioridade dos mais velhos. Em princípio, os soberanos romanos, diferentemente dos confucionistas chineses e japoneses, não mediam o poder proporcionalmente à ordem moral. Cortejar um velho rico na expectativa de seu testamento era uma conduta rotineira, como é, nos dias de hoje, ser atencioso com o chefe na tentativa de ganhar um aumento.

O regime republicano de Roma fracassa a partir dos irmãos Graco, no século II a.C. É quando o Senado perde poderes, passados às mãos de militares, ou seja, de homens jovens. O senador Marco Túlio Cícero compõe, aos 63 anos, uma defesa da velhice na tentativa de reforçar a abalada autoridade do Senado. Símbolo da oratória grega, *De senectute: Saber envelhecer*, datado de 43 a.C., é um diálogo ao longo do qual o personagem principal, Catão Maior, transmite a dois jovens suas reflexões sobre o envelhecimento, a velhice e a morte. Cícero escreveu a obra aos 62 anos, e ainda hoje ela parece atual em vários trechos, como o que diz que "todos os homens desejam avançar à velhice, mas ao ficarem velhos se lamentam. Eis aí a consequência da estupidez".

Cícero reforça que cada época da vida tem suas condições, ao lembrar que Sófocles (496 a.C. – 406 a.C.), em idade avançada, ainda escrevia suas tragédias, que Sócrates aprendeu a tocar lira no fim da vida, como Catão (234 a.C. – 149 a.C.) descobriu a literatura grega. Há julgamento de diversos valores nas palavras do pensador romano. Não se recusam as intempéries da idade avançada, entretanto igualmente não se deve desvalorizar a maturidade de um velho. Assim, Cícero desenvolve a ideia de que envelhecer é encontrar prazer em todas as idades, pois todas têm virtudes. Para isso, ele se questiona: "Acaso os adolescentes deveriam lamentar a infância e depois, tendo amadurecido, chorar a adolescência? A vida segue um curso preciso e a natureza dota cada idade de suas qualidades próprias. Por isso, a fraqueza das crianças, o ímpeto dos jovens, a seriedade dos adultos e a maturidade da velhice são coisas naturais que devemos apreciar cada uma em seu tempo"[6].

Como estadista e pensador, Cícero enumera as vantagens desprezadas da velhice diante do avanço da juventude no poder romano, como a sabedoria, a clarividência, o discernimento. O senador defende que o conhecimento e as práticas das virtudes dariam ao indivíduo a "autoridade natural, o verdadeiro coroamento da velhice". Esse prestígio, que ele exemplifica como cargos públicos ocupados pelos mais velhos, a seu ver, compensa largamente todos os prazeres da juventude.

Em Roma, uma sociedade extremamente militarizada e cujos valores se pautavam entre a jovem virilidade canalizada para a guerra e os discursos acalorados dos velhos em um Senado instável, Cícero entendeu ser necessário encontrar a importância da velhice. Se para Platão a velhice "nunca vem só", assim como

---

6 CÍCERO, 1997, p. 31.

Aristóteles afirma que essas companhias trazidas pela velhice a desmerecem por completo, Cícero diz que ao caráter de cada um, e não à velhice, devemos imputar todas essas "lamentações". Para Cícero, esses fatores não devem ser relacionados ao ato de envelhecer, e sim ao que se fez do caráter ao longo da vida. Sobre os temperamentos que comporiam definições da velhice, ele afirma que os velhos inteligentes, agradáveis e divertidos suportam facilmente a idade, ao passo que a "acrimônia, o temperamento triste e a rabugice são deploráveis em qualquer idade". Em certo tom divertido, o filósofo cita, inclusive, a perda de memória dos anciões, para quem a memória declina "se não a cultivarmos ou se carecemos de vivacidade de espírito". E defende que os velhos sempre se lembram daquilo que interessa: "promessas, identidade dos seus credores e devedores".

Por um momento, essa defesa à velhice proposta pelo pensador romano pode induzir a se supor que envelhecer é um processo igualitário e justo à época. Mas não se pode esquecer que: 1. Este é um texto político, visto que se a velhice precisa de tamanha defesa, é notório que seja atacada; 2. O próprio Cícero esclarece que essa visão não deve ser empregada a todos, mas àqueles que tenham levado uma vida abonada. Ele aponta que "os cabelos brancos e as rugas não conferem, por si sós, uma súbita respeitabilidade. Esta é sempre a recompensa de um passado exemplar". Por fim, sintetiza o que considera uma bela morte, como uma partida da vida: "Consinto de tão boa vontade tudo isso que, quanto mais me aproximo da morte, parece que vou me aproximando da terra como quem chega ao porto após uma longa travessia. [...] A maneira mais bela de morrer é, com a inteligência intacta e os sentidos despertos, deixar a natureza desfazer lentamente o que ela fez. [...] Deixo a vida não como quem sai de sua casa, mas como quem sai de um albergue onde foi recebido. A natureza, com efeito, nos oferece uma pousada provisória e não um domicílio"[7].

Tal como Cícero, Sêneca (4 a.C.-65 d.C.) defendeu a velhice sem nenhuma analogia à ideia de decadência. O filósofo e político

---

7 CÍCERO, 1997, pp. 57-58-66.

romano retoma, cem anos depois, as ideias de Cícero ao afirmar que, para ter tranquilidade, é necessário aceitar o processo de envelhecimento e tirar o melhor proveito dessa fase da vida, que poucos seres humanos têm o prazer de galgar.

Essa associação já aparece nos escritos de Claudio Galeno (129 d.C. – 216 d.C.), a quem coube estabelecer a síntese geral da medicina antiga. Médico investigativo e filósofo romano de origem grega, considerava a velhice um estágio intermediário entre a doença e a saúde. São seus os primeiros registros de análises médicas da redução de funções fisiológicas do homem envelhecido. Antes, o médico grego Hipócrates (460 a.C. – 377 a.C.) definira a velhice como fase iniciada imediatamente após os 50 anos, quando se apresenta desequilíbrio dos humores. Algumas observações quanto à saúde na velhice foram inicialmente verificadas por Hipócrates, destacando-se: distúrbios respiratórios, desconforto ao urinar, doenças renais de modo geral, vertigens, acidente vascular cerebral, catarata e surdez. Dessa forma, Hipócrates – hoje considerado patrono da medicina moderna – recomendava normas assistenciais, sobretudo na higiene corporal, além de atividade física e mental, afirmando que os velhos não careceriam de muitos suprimentos. Isso porque, a seu ver, "os velhos suportam melhor a abstinência, o pouco sustento lhes basta".

Recomendações para uma vida melhor na velhice também aparecem em Cícero, quando ele chama atenção para a atividade física, visando não apenas os benefícios dos velhos contra a ansiedade e a angústia da velhice, mas também os prazeres que resultam do trabalho no campo. Cícero recupera valores de Hipócrates ao propor como boa atividade o hábito da agricultura, que também traria benefícios mentais. O velho considerado ativo, com plenas faculdades físicas e mentais, deveria, desse modo, contribuir socialmente com atividades que "enganassem" a velhice. Também Sêneca, em *Sobre a brevidade da vida*, que data de 49 d.C., ataca o ócio de quem se entrega a projetos futuros, incluindo vícios e desejos carnais. Em tom quase profético, ele diz: "Ouvirás a maioria dizendo: 'Aos 50 anos me dedicarei ao ócio. Aos 60 ficarei livre de todos os meus encargos'. Que certeza tens de que há uma vida tão longa? O que garante que as coisas se darão como dispões? Não te envergonhas de destinar para ti somente resquícios da vida e reservar para a meditação apenas a idade que já não é produtiva? Não é tarde demais para começar a viver, quando já é tempo de desistir de fazê-lo?"

Esses questionamentos propostos por Sêneca se contrapõem a uma prática bastante comum à época, a do suicídio – que ele próprio cometeu. A morte voluntária era admirada – tanto o suicídio de um senador, que sabia que o imperador se preparava para acusá-lo e condená-lo à morte, quanto o suicídio de um velho que desejasse pôr fim aos percalços de suas enfermidades. Filosoficamente defendiam que a vida encontrava refúgio no autocontrole: ter a força de dispor da própria vida e reconhecer seu direito soberano sobre ela, em lugar de submeter-se à decisão da natureza ou de um deus.

Na pintura barroca *A morte de Sêneca* [Figura 9], do pintor flamenco Peter Paul Rubens, do começo do século XVII, já sob total domínio da compreensão da anatomia humana advinda com o Renascimento, vê-se o corpo envelhecido do filósofo, induzido a se suicidar pelo imperador Nero. A representação de um jovem ajoelhado a seu lado nos leva a pensar que se trata de um discípulo seu, a tomar as últimas palavras do mestre, cercado por guardas na parte de trás. O corpo verticalmente centrado na composição, em pé e bem iluminado, aparece glorioso perante a morte que se avizinha. Não é comum esse tipo de representação da morte para homens velhos no barroco, como será exposto mais à frente, o que reforça a ideia de que, mesmo mais de 1.600 anos depois, Sêneca despertava respeitoso interesse dos artistas europeus. Em seguida, o busto *Pseudo-Seneca*, feito em bronze romano do final do século I a.C. Originalmente, acreditou-se que se tratava de Sêneca, o Jovem, o notável filósofo romano. As rugas e o semblante cansado fazem crer que a imagem seja referência a Hesíodo ou Aristófanes. Ao seu lado, *Augusto de Prima Porta*, estátua do imperador romano Augusto, hoje nos Museus Vaticanos, baseada no Dorífono de Policleto do século V a.C. A imagem idealizada de Augusto o exibe em posição de oratória, com o braço direito em riste, como se falasse para os senadores.

As esculturas das figuras 10 e 11 dialogam com concepções de força e sabedoria surgidas provavelmente da consciência do esforço dispendido em ações para superar a resistência do corpo. Se na Grécia as atividades físicas eram tão valorizadas quanto o desenvolvimento intelectual, os gregos pregavam o equilíbrio entre o intelecto e o físico.

Há outros instigantes pensamentos sobre a morte escritos pelo imperador romano Marco Aurélio (121 d.C. – 180 d.C.). Analisando sua obra *Meditações*, provavelmente escrita entre 170 d.C. e 180 d.C., percebe-se que a perfeição moral consistiria em viver cada dia como se fosse o último, evitando vícios. O homem dotado de virtudes e de razão não teria medo da morte, por entendê-la como estágio da natureza. Marco Aurélio define a morte numa passagem: "Embarcaste, fizeste a viagem, chegaste ao porto; desembarca!"

Ainda que não fale diretamente sobre a velhice, Marco Aurélio prega a anulação do sentimento de morte, do temor e medo dela como forma de encarar o passar pela natureza. Para o imperador filósofo, ao aprender que a vida é passageira e que a morte está sempre próxima, o ser se livra dos vícios, da inquietação, dos conflitos e da ostentação. Não é o conformismo que impregna suas palavras, mas a aceitação do inesperado e a vivência no hoje.

Essa consciência sobre a vida e a morte entrelaçadas faz da obra de Marco Aurélio uma reflexão que, em certa medida, seria retomada séculos adiante, no Renascimento europeu. Alguns séculos após a queda do império romano do Ocidente (a data marca a queda do último imperador romano, Rômulo Augusto, destituído por Odoacro, rei do povo germânico hérulo), quando então surgiria uma nova instituição a se encarregar de custodiar informações e saberes: a Igreja Católica.

3. Povos originários: velhice e oralidade

O que têm em comum a entidade do Preto Velho, na umbanda, e o deus nórdico Odin? Acostumados à guerra, como os maias inseriam deuses anciãos em suas crenças? Por que ameríndios e sociedades africanas sempre tiveram apreço pelos seus indivíduos mais idosos? A representação e consequente compreensão de certos aspectos culturais que identificam os velhos dizem muito sobre essas sociedades.

3.1. Os nórdicos

Os velhos eram inseridos socialmente com fundamental papel na organização da estrutura política, social e religiosa em diversas partes do mundo. Na tradição de várias sociedades nórdicas antigas, Odin é deus da cura, da vida e da morte. É casado com a deusa Friga e tem vários filhos (Thor, Vali, Tyr, Baldr, Herod, Njord, Hoder, Vidor, Heindal e as Valquírias). Retratado como um homem velho, de longa barba branca e vestido ora como peregrino, ora como guerreiro, não é uma figura benevolente, mas complexa, com personalidade humana. Com a chegada do cristianismo, a figura dos deuses pagãos foi demonizada.

Só no século XIX, durante o romantismo, as lendas nórdicas recuperaram a popularidade. O compositor alemão Richard Wagner, por exemplo, criou *O anel dos nibelungos*, em que conta a saga dos deuses em quatro óperas. Adaptações recentes de histórias da Marvel Comics para o cinema também ajudam a popularizar novamente esse personagem.

Ao traçar as relações sociais de nativos da região da Groenlândia, o antropólogo francês Marcel Mauss notou o caráter patriarcal, ainda que haja certo equilíbrio de forças com a mulher. Há um poder relativo do chefe de família, tendo ele o direito absoluto de comando mesmo sobre os filhos adultos. Isso significa que ele tem o direito de punir até sua mulher, "mas não abusa disso, porque, se tem o direito de repudiá-la, ela, por sua vez, tem igualmente a liberdade de abandoná-lo".

Essa organização da família paterna está ligada, em geral, à necessidade de posteridade, caráter também verificado na família de inuítes (como são chamados os membros da nação indígena esquimó que habitam as regiões árticas do Canadá, Alasca e Groenlândia). Para Mauss, é impossível a existência de velhos sem filhos nesse tipo de sociedade, porque os casais envelhecidos, e principalmente as velhas viúvas, não teriam como viver sem filhos adultos homens que pudessem caçar para eles.

Há ainda um caráter religioso em famílias numerosas, pois acreditam que após a morte os ascendentes reencarnam no corpo dos últimos a nascer na família, sendo competência dos filhos o culto a prestar à sua alma. Por isso, a ausência de filhos, mesmo adotivos, coloca em risco a própria permanência de suas almas. Daí também se explica a quantidade de filhos que Odin tem na mitologia nórdica, como forma de exemplificar o quão importante é a figura desse homem envelhecido, que guarda seus filhos para ser por eles guardado no futuro.

3.2. A "palavra dos velhos" nas Américas

Em determinadas sociedades, o velho não é apenas o guardador de saberes. A ele também é reservada a função de organização social. Numa sociedade de tradição oral, ao ancião é preservado o poder de legitimar o que será passado adiante. Em alguns casos, é a conduta dos mais velhos que se prioriza no âmbito da justiça, por exemplo. O sociólogo polonês Norbert Elias relatou em *Sobre o tempo*, obra original de 1984, um curioso comportamento a respeito dos indígenas iroqueses, que viviam em diversos locais no nordeste da América do Norte (ao se unificarem, criaram a Confederação Iroquesa, composta por seis nações: Mohawk, Oneida, Onondaga, Cayuga, Seneca e Tuscarora. Nos séculos XVII e XVIII, a confederação era uma das mais poderosas da América do Norte).

Sobre os prisioneiros mantidos pelas tribos dos iroqueses, havia um ritual altamente formalizado, o Conselho dos Anciãos, que decidia em sigilo quais seriam torturados e assassinados, e quais os autorizados a viver em determinadas famílias, substituindo um membro morto no campo de batalha. Muitas vezes, dava-se aos prisioneiros alguma liberdade de movimento. Assim eram enganados quanto a seu destino final, antes de serem conduzidos à prática de torturas. Norbert Elias defende que era esse o código social desses grupos humanos relativamente simples que autorizava "tanto um grau mais alto de gozo com os suplícios infligidos a outrem quanto um nível mais elevado de autocontrole nas torturas sofridas".

Assim como percebido na Groenlândia, também os maias, civilização mesoamericana que alcançou seu auge entre os anos 250 e 900, veneravam deuses anciãos – como Itzamna e Ixchel. Itzamna era o deus dos céus, do dia e da noite, com poderes de cura. Acreditava-se que fosse o inventor da escrita, do calendário e criador dos rituais religiosos. Sua representação é a de um velho sem dentes e de nariz torto. Diferentemente de outros deuses maias, em relação a Itzamna nada é dito sobre violência ou guerra, algo tão normal para aquela cultura. Era representado como um pássaro ou como um velho escriba. Ixchel, sua esposa, era uma velha também de grande poder. Deusa da gravidez e da fertilidade, era protetora das tecelãs e previa o futuro. Com serpentes no lugar dos cabelos, mostrava sua insatisfação agitando as cobras.

Sob o reinado de Montezuma I, o Velho, os astecas tornaram-se um povo temido e vitorioso, ampliando seus domínios em mais de 200 quilômetros pelo Vale do México entre os séculos XIV e XVI. O império expande-se no reinado de Montezuma II, entre 1502 e 1520. Aos 54 anos, agrupara 500 cidades e 15 milhões de habitantes. Montezuma, cujo nome significa "aquele que se faz com raiva", nasceu em 1467, tornando-se príncipe da família real do Império Asteca – menos de cem anos antes do seu nascimento, os astecas eram apenas uma tribo fora do Vale do México, vassalos dos poderosos Tepanecs. Ao longo dos anos, sucessivos imperadores expandiram seus domínios até que, por volta de 1467, os astecas tornaram-se líderes inquestionáveis do Vale do México.

Tlatoani, o mesmo que "aquele que manda", era como os astecas chamavam seu governante. Para escolher um novo governante, os astecas não selecionaram o filho mais velho do governante anterior – tal como também era tradição nos povos europeus. Com a morte de Tlatoani, um conselho de anciãos da família real se reuniu para selecionar o próximo da sucessão. Os candidatos poderiam ser parentes do sexo masculino do Tlatoani anterior. Os anciãos optaram por um homem mais jovem, com aptidão no campo de batalha. Como um jovem príncipe da família real, Montezuma fora treinado para a guerra, política e religião desde pequeno. Quando seu tio morreu, em 1502, Montezuma tinha 35 anos, despontando como guerreiro do seu reino. Assim, foi eleito pelos anciãos, tornando-se o novo Tlatoani. Se essa civilização preferia um líder jovem, que mostrasse força e virilidade, era a partir da decisão de velhos sábios que o futuro da sociedade asteca dependia.

Outros povos nativos das Américas também apresentavam relação direta de respeito aos anciãos. Os Huaorani do Equador, por exemplo, acreditam que os xamãs velhos, ou "mengatoi", são dotados de poderes mágicos. Esses curandeiros anciãos sentam-se com os enfermos para canalizar espíritos animais e encontrar cura para a doença.

Tal como boa parte do continente americano, a maioria das sociedades indígenas brasileiras tem a transmissão dos elementos culturais – como mitologia, rituais e costumes – a partir da oralidade dos mais velhos. O exercício de contar as próprias histórias sustenta a ciência e o poder do sujeito sobre os demais com quem interage em uma mesma comunidade. A narrativa pela oralidade é uma forma de transmissão de experiências entre gerações, que reafirma laços, vivências individuais e memórias compartilhadas. Cabe à figura do narrador rememorar fatos reais, mesmo sob interpretações particulares, para a formação de um amálgama coletivo de memória. Quem narra tem esse poder.

Na cultura baníua (no começo dos anos 2000, eram 5.100 índios baníuas no Brasil, 7 mil na Colômbia e cerca de 1.200 na Venezuela), na região do Alto Rio Negro na Amazônia, os velhos são extremamente importantes pelos conhecimentos espirituais desenvolvidos durante a vida. Os xamãs mais poderosos só atingem os altos níveis de poderes sobrenaturais – como o dom da cura, da clarividência e das profecias – depois de uma longa vida de experiências. Nessas sociedades, os mais velhos são os "narradores" e protetores de seus povos.

Vários antropólogos já evidenciaram a questão da oralidade guardada aos velhos em sociedades nativas do Brasil. Os registros da operação dessas oralidades realizados por pesquisadores, visando à produção de conhecimento científico em diferentes temas, dão conta de múltiplas interpretações. A memória individual, quando compartilhada, gera conhecimento de memória coletiva, pois é preciso recorrer às lembranças dos outros para se montar a própria experiência.

Ainda que não caiba aqui detalhar os diferentes modos de operacionalidade nas estruturas culturais, mas perceber de que forma o velho se insere na organização social, citamos como exemplo a cultura xavante, da região de Mato Grosso. É notório afirmar que, nessa sociedade, a *ihi mrèmè*, "palavras dos velhos", consiste em se valer de recursos de produção de discursos coletivos. Quem narra tem notabilidade, ou seja, goza de prestígio diante de seu grupo.

Desse modo, saber utilizar a "palavra dos velhos" é ter apreço pela tradição e, além disso, ter destaque em sua sociedade por compreender o conjunto de valores que une o povo. Por pertencerem a sociedades de tradição oral, a perda dos anciãos indígenas é uma interrupção irreversível na transmissão de conhecimentos. Nas aldeias indígenas, sem medo de exageros, a morte de um velho se equipara ao incêndio em uma biblioteca com manuscritos sem cópia e sem possibilidade de reposição. Essa comparação, aliás, também surge em sociedades africanas, onde os indivíduos mais velhos carregam consigo o conjunto de modos de viver e falar, são os guardiões das tradições identitárias.

3.3. O griô africano, o Preto Velho brasileiro e a crença australiana

Ao longo do continente africano, muitos séculos após o apogeu dos faraós egípcios, a oralidade foi componente de forte elo cultural, tendo o indivíduo velho papel fundamental na preservação das tradições. A oralidade permitiu a estruturação de sociedades nas quais os mais velhos eram reconhecidos como os mais sábios, tanto por terem vivido mais quanto por acumularem experiências que servem como aprendizado aos demais.

Diversos reinos africanos exemplificam a complexidade e a riqueza do continente, muitas vezes subtraída pelo eurocentrismo, no mesmo período em que a Europa atravessava a Idade Média, tais como o reino de Gana, conhecido no Oriente Médio, norte da África e Europa como "país do ouro", entre os séculos V e XV; o Império do Mali no século XIII; o Império de Songai, entre os séculos XIV e XVI, em vasta região na África Ocidental; os povos da Guiné, os Ifé, no Benin e os hauçás, que ocuparam a África Subsaariana entre os séculos VI e XVIII; o Império Monomotapa, que se ergueu no século XV, entre outros.

Embora houvesse aspectos em comum nessas sociedades africanas, os deuses cultuados, a organização econômica, as línguas e até a formação sociopolítica eram diferentes. Na cultura banto (ou bantu), a oralidade não representa apenas uma forma de transmissão dos conhecimentos, mas cultura própria de uma região africana. Um dos pontos centrais é justamente a valorização dos mais velhos, pois é deles a tarefa de transferir conhecimentos recebidos aos mais novos. Como já foi dito, na maioria das sociedades africanas, os velhos eram alicerces da vida na aldeia. Diz-se, comumente, que uma aldeia sem velhos era como uma cabana roída por cupins, ou seja, fadada ao fim.

Banto é um tronco linguístico que deu origem a centenas de outras línguas no centro-sul do continente. A palavra *"mzee"*, na língua banto suaíle, falada em parte da África, é usada pelos jovens para mostrar alto nível de respeito aos anciãos.

Ressalta-se que, na África Subsaariana, a noção de família é diferente do que é mais aceito no mundo ocidental. As famílias africanas eram numerosas, formadas não só por mãe, pai e filhos. Incluíam-se avós, tios, sobrinhos, netos, primos e todos que tivessem ancestral em comum. Sendo a figura do idoso a de testemunha, ou um referencial sobre o qual o grupo recorre como consulta de memória, era ela a responsável por reconstruir os elementos do presente da vida social a partir de um passado ressignificado. Eram também chamados de *griots* ou griôs. A palavra "griô" tem origem na tradição oral africana, utilizada para designar mestres portadores de saberes e fazeres da cultura. Entre os povos do oeste da África, os griôs são aqueles que preservam e transmitem as histórias – principalmente as que se referem aos grandes líderes e à formação dos reinos.

Os griôs foram, por muito tempo, os portadores de saberes e fazeres da cultura, principalmente entre os povos do oeste da África. Os jovens se sentavam em volta de uma fogueira para ouvir as histórias dos homens mais velhos da comunidade. Os griôs traziam cantos e narrativas que ouviram ou vivenciaram ao perambular por outros povos do continente.

Para também exemplificar a força exercida pelos mais velhos, uma curiosa situação de uma sociedade originária australiana foi narrada pelo antropólogo Marcel Mauss em sua obra *Sociologia e antropologia*. A opinião desse grupo sobre os mais jovens podia provocar, inclusive, a morte: "Era um negro forte e saudável. Um dia o encontrou doente. Ele explica que tinha feito o que não devia, tinha roubado uma fêmea de marsupial antes de ter a permissão de comê-la. Os velhos haviam descoberto e ele sabia que não cresceria mais. Deitou-se, por assim dizer, sob o efeito dessa crença e não voltou mais a se levantar, morrendo em três semanas. Assim as causas morais e religiosas podem provocar a morte também entre os australianos, por sugestão. Este último fato serve igualmente de transição com os casos de morte de origem puramente mágica. Houve ameaça da parte dos velhos"[8].

---

8 MAUSS, 2015, p. 353.

A crença na palavra dos velhos faz pensar que eles não só detinham influência sobre o restante da tribo, como havia um consenso de que seus ensinamentos estavam acima de todas as decisões. Como muitas mortes decretadas por magia decorrem de vingança ou de punições infligidas em conselho, o indivíduo que se crê enfeitiçado pelas decisões jurídicas é atingido moralmente.

Nesse panorama acerca da velhice em diferentes sociedades, é importante citar a inteligência política de Nzinga Mbandi Ngola, conhecida no Brasil como rainha Ginga (vários nomes lhe são atribuídos: Nzinga Mbande, Jinga, Singa, Zhinga, Ginga, Dona Ana de Sousa – este último devido ao batismo católico no Brasil, em 1623). Símbolo da resistência africana, a rainha do Ndongo, atual Angola, foi uma líder estrategista diante da dominação europeia no continente. Subiu ao poder após a morte do irmão Ngola Mbande. No posto de rainha, Nzinga impôs autoridade a chefes locais, conquistou reinos vizinhos e, por quatro décadas, fez resistência a projetos de dominação portuguesa, alternando táticas de guerrilha e diplomacia. Nzinga chefiou o exército do Reino de Dongo e Mtamba até os 73 anos e morreu aos 81, venerada como "rainha imortal" pelo povo Mbumdu, na África Centro-Ocidental. Depois de sua morte, a dominação portuguesa avançou sobre o território acentuando o tráfico de escravizados. No Brasil, Nzinga está presente na tradição da Congada. A vida da rainha Ginga, cercada de lendas e mistérios, é apenas mais um exemplo de como a representação da figura envelhecida pode sair da obviedade contemporânea, calcada na fragilidade e na invisibilidade social.

A representação da velhice também nas religiões de matrizes africanas exemplifica esse outro lugar possível, o de reverência [Figuras 12 e 13]. Diz a tradição que os deuses dos terreiros têm origem nos clãs africanos, divinizados há mais de 5 mil anos. Essas religiões tendem a ser assentadas nos princípios de senioridade. No candomblé, a velhice é modelo a ser atingido, fonte de autoridade para os altos postos da hierarquia religiosa, o que se reflete nas representações de divindades. Na cultura iorubá, para tratar da fé recorre-se ao orixá Xapanã (ou Omolu/Obaluaê), patrono das doenças e da cura, respeitosamente chamado "O Velho". Já Oxalufã, representado por uma figura de um senhor curvado por causa do tempo, está sempre apoiado em um opaxorô, bastão de metal branco com a imagem de um pássaro. É ligado à ideia de paz, sabedoria e paciência, sendo o oxalá mais velho na cultura iorubá. A umbanda tem, entre suas entidades, o Preto Velho, arquétipo de um africano que viveu em senzalas.

Uma das esculturas mais emblemáticas a passar pela Marquês de Sapucaí no carnaval de 2022 foi a de um griô rodeado por crianças, no centro de uma das alegorias da escola de samba Vila Isabel, no enredo "Canta, canta, minha gente! A Vila é de Martinho!", em homenagem ao cantor e compositor Martinho da Vila. A representação de um homem velho em posição de destaque, em particular de um velho negro, é de se exaltar, ainda mais se referente a uma festa popular de grande alcance midiático. Nitidamente, esse homem traz como significado os saberes que passa para outras gerações. Sua capacidade de proteger, ensinar e curar se repete na representação religiosa dos idosos. Traduz entendimentos da velhice masculina negra no país, com elementos simbólicos que dialogam com a ancestralidade de um povo.

A prática de compartilhar vivências e conhecimentos parte da transmissão pela oralidade dos mais velhos aos mais jovens. Em suma, essas sociedades, por mais diversificadas e distantes que se situassem, impunham formas de controle que, sob certos aspectos, eram organizadas pela presença e atuação dos indivíduos entendidos como velhos. E no caso das sociedades africanas, mesmo dizimadas pelo trágico comércio de negros fomentado pelos europeus, se mantiveram vivas determinadas práticas e saberes, difundidos nas Américas em séculos de escravidão. Muito em parte isso só foi possível pela presença dos indivíduos mais velhos.

Não é a conduta ou a experiência individual em si, mas o código social que imprime sua marca no comportamento e na sensibilidade dos indivíduos – ou seja, a organização social a partir da qual se constrói uma personalidade individual mais ou menos distinta. Quem controla esse caminho é o sujeito mais velho. Isso se reflete nas crenças que ditam a forma de enxergar o mundo, as relações e comportamento entre os pares e a vida de forma geral.

4. O velho medievo

O termo "Idade Média" é uma expressão que empresta forma a numerosas periodizações, muitas delas pelo controle da ideia de passado – tanto pela imagem de "Longa Idade Média", de cerca de 1.500 anos, quanto pela ideia de que a Idade Média seria uma convenção, logo nunca teria existido de fato. A Idade Média, longo período compreendido entre os séculos V e XV, se inicia com a queda do Império Romano do Ocidente e termina com a transição para a Era Moderna. É a fase na qual o cristianismo se dissemina pela Europa e surgem diversos monastérios. Essas edificações abrigariam a vida intelecto-cultural da época, dominada por uma filosofia que procurava unir fé e razão. É o período no qual a humanidade superestima a força física, a procriação e a honra, valores indispensáveis num mundo instável e ameaçador.

Pensadores começaram a teorizar, já no século XVI, que o período imediatamente anterior compreendeu uma fase decadente em toda a Europa. A interferência religiosa até então, diante do agora "esclarecimento" renascentista, foi dada como fator principal para classificar esse passado como uma etapa sombria da ignorância humana. A distorção em torno do que viria a ser chamado de Idade Média também se deve ao resgate historiográfico da época de pestes que dizimaram populações, como será detalhado mais adiante. Mas devemos lembrar que foram nos séculos compreendidos posteriormente como "Idade Média" que surgiram as bases da sociedade moderna, com a criação de cidades, a ideia de nação e de Estado, a instituição universitária, a contagem das horas, a criação do livro como o conhecemos hoje, entre outros.

Mas de fato a população de aldeias europeias dos séculos V ao VIII apresentavam instabilidade quanto à expectativa de vida – em torno de 45 anos para homens e entre 30 e 40 para mulheres, que frequentemente morriam entre 18 e 29 anos em consequência de partos malsucedidos. Em geral, a taxa de mortalidade infantil também era bastante elevada, em torno de 45%. Para efeito de comparação, a menor expectativa de vida em 2020 no planeta, segundo a Organização Mundial da Saúde (OMS), era da República Centro-Africana, cujos moradores tinham expectativa de 53 anos ao nascer. Nesse contexto medieval, os velhos eram raros. E, mesmo assim, só eram aceitáveis se se comportassem como homens maduros. Caso não fosse desse modo, tudo que lhes restava era doar seus bens à Igreja para, em troca, receber ajuda em seus últimos dias.

Diante da vastidão de possíveis recortes à época, concentremo-nos no período da Baixa Idade Média, que corresponde desde meados do século XIV até o século XVI, quando a Europa vive um crescimento demográfico acentuado e uma expansão do comércio, à medida que inovações técnicas e agrícolas permitem maior produtividade dos solos e colheitas. Em contrapartida, o adensamento geográfico promoveria guerras e sucessivas pestes nas regiões da Eurásia, massa territorial formada pelo conjunto da Europa e Ásia, separado pelos Montes Urais, pelo Rio Ural, pelo Mar Negro e pelo Mar Cáspio.

Só a peste negra foi responsável pela morte de um terço da população europeia entre 1347 e 1350. No período, a mortalidade de homens e mulheres, dos novos aos mais velhos, em várias partes da Europa, foi tão grande que era quase impossível enterrar os mortos. As pessoas adoeciam e morriam subitamente. Em termos humanos, a peste foi um desastre. A maioria das regiões perdeu entre um quatro e um terço da população. A mortalidade era mais alta nas cidades, mas aldeias inteiras deixaram de existir durante as várias pragas que se seguiram.

Segundo um levantamento de historiadores que se debruçaram a estudar o período, houve pragas em 1358, 1361, em 1368-1369, e outra em 1374-1375, que foi particularmente grave, na Inglaterra. Daí em diante as pragas se abrandaram, surgindo outra em 1400, que afetou toda a Europa. Uma geração separou esta última de uma peste em 1438, mas entre essa e a de 1480 ocorreram epidemias com frequência. A Inglaterra sofreu pelo menos sete epidemias entre 1430 e 1480, a maioria nos anos de 1430 e 1470, e apenas duas delas foram de outras pestes que não a bubônica. Como se percebe, era um lamentável cotidiano medieval.

Um fato que favoreceu o aparecimento das epidemias foi a grande concentração da população nas cidades cercadas pelas muralhas construídas no século XIV, com a função de dividir o espaço urbano do campo e de proteção em períodos de guerra. É a era das grandes fortificações. Não por acaso, seriam os monastérios os responsáveis por preservar a tradição dos saberes. A fundação do Mosteiro de Monte Cassino, na Itália, base da ordem beneditina, no ano de 529, coincide com o decreto do imperador cristão Justiniano [482-565] no mesmo período, que ordenava o encerramento da Academia Platônica em Atenas. Ao sobreviver durante quase mil anos desde sua criação por Platão, o fim da Academia significou a paralisação da educação grega e o início de uma nova instituição educativa, os mosteiros cristãos.

No livro *A regra de São Bento*, escrito por Bento de Núrsia no século VI, há um conjunto de preceitos destinados a regular a vivência de uma comunidade monástica cristã, regida por um abade (título superior dos monges de abadia autônoma ou de membros de congregações religiosas monásticas). Aconselha-se, por exemplo, o "espírito de compreensão, a misericórdia com os velhos e as crianças no que tange à alimentação". Surge aí a conveniência de separar as residências dos meninos e dos adultos nos mosteiros, de acordo com a percepção de demandas diferenciadas entre os grupos mais jovens e os mais velhos.

A longevidade dos bispos era mantida na quietude dos monastérios, separados dos mais jovens celibatários. A divisão de espaços e de tarefas configura claramente uma hierarquia etária. No mosteiro de Marmoutier, na França, fundado por São Martinho de Tours no século IV, os monges mais velhos se dedicavam à oração, enquanto os jovens associavam às preces os exercícios de caligrafia e a cópia de manuscritos, trabalho reservado aos noviços que ainda não conseguiam rezar por longo tempo. O quadro das idades do homem na Idade Média era dividido da seguinte forma: infância, até os 7 anos; meninice, até os 14; adolescência, até os 28; juventude, até os 56; velhice, até os 76. Após essa idade, chamava-se decrepitude.

Fora dos monastérios, ao menos os membros do estrato mais alto portavam armas como apêndice indispensável em sua interação com os outros. Já as mulheres, crianças, enfermos e velhos, tidos como fracos ou incapacitados, passavam a maior parte do tempo confinados em casa ou sob as cercanias do castelo ou vilarejo. Só saíam às ruas com proteção especial, acompanhados de homens adultos.

A poesia do francês Eustache Deschamps, do século XIV, traz pensamentos sobre a vida e os seus inevitáveis incômodos, ao exemplificar o modo de ser na Idade Média. "Na velhice, vê o poeta sempre o mal e o desgosto, um declínio lamentável do corpo e do espírito, o ridículo e a insipidez. E ela vem sem tardança aos 30 anos para a mulher, aos 50 para o homem, e nenhum vive em geral mais do que 60."

A idade é uma questão determinante para o homem medievo. Referência nos estudos do período, o sociólogo Norbert Elias esclarece que entre os cavaleiros do século XIII, um homem de 40 anos era visto quase como um velho; nas sociedades industriais do século XX, é considerado quase jovem – com diferenças específicas de classe. A decadência física atrelada ao passar dos anos é um atributo negativado. A fragilidade de determinadas pessoas era suficiente, tal como ainda é hoje, para separar os que envelhecem dos vivos. A decadência as isola. Quanto mais envelhecido, menos sociável e produtivo, portanto mais dependente dos outros.

Os homens jovens da Idade Média eram como guerreiros, viviam à espera de guerras. Passavam a juventude se preparando para isso. Os cavaleiros, montados em cavalos e protegidos por armaduras pesadas, mantinham a postura de força até quando o corpo assim permitisse, evitando se entregarem ao que a velhice lhes trazia. Na lógica dessa sociedade, o sujeito velho não ocupa espaço social relevante. Não é comparado a crianças, porque elas eram tidas como bens preciosos, que trabalhariam em colheitas e ajudariam em afazeres diversos assim que tivessem força e destreza para isso. Por isso, crianças já em torno dos 7 anos eram inseridas na vida adulta, entendidas com utilidade na economia familiar. Os velhos, ao contrário, já haviam perdido essa capacidade de colaboração, tornando-se tão frágeis quanto os enfermos. A associação de velhice e doença nasce daí, como foi detalhado por Norbert Elias em seu clássico *A solidão dos moribundos*.

O historiador francês Charles de La Roncière traz cifras populacionais da época em seu capítulo no segundo volume de *História da vida privada*. Ele ressalta como, antes das pestes, em 1371, as zonas rurais abrigavam grande quantidade de jovens menores de 15 anos – "ao redor de Prato, representam 49% da população, porcentagem superior à de todos os países atuais em via de desenvolvimento, e essa porcentagem não é senão um pouco inferior vinte anos mais tarde no povoamento de Budrio, perto de Bolonha (43%)".

Com o aparecimento cada vez mais frequente das epidemias, que ameaçariam em primeiro lugar as crianças, esse cenário se rarefaz de imediato. Roncière levantou dados importantes para ilustrar o cenário da época na região de Prato, no norte da Itália. Ele diz que, em 1427, duas gerações mais tarde, os jovens da mesma idade (até 15 anos) não constituíam ao redor de Prato senão 37% da população, e a cifra permaneceria praticamente a mesma durante quarenta anos em toda a Toscana. Os jovens eram bastante numerosos nas famílias.

Entre eles havia um maior número de homens do que de mulheres, especialmente em certas zonas rurais e entre as classes urbanas abastadas. A vida na Europa no século XV era em famílias numerosas, com muitas crianças e poucas pessoas idosas. Conforme as epidemias assolavam a região da Eurásia, a mortandade avançava sobre todos, sem distinção etária. Milhares morriam abandonados, sem ajuda ou conforto, esquecidos e renegados ao isolamento. Não raramente, para piorar, colheitas fracas provocavam aumento da fome e da miséria. Andar pelas cercanias urbanas das cidades da época possibilitava cruzar com multidões de pedintes e aleijados, uma característica normal da paisagem medieval.

4.1. Corpo como gesto da alma

A velhice para o homem medievo tem diferentes aspectos classificatórios. Há, entretanto, uma velhice mais próxima à que se compreende hoje, a decrepitude (termo da época), que se iniciava aos 70 anos. Os indivíduos nessa faixa etária não eram em número elevado – 3,8% da população em Prato, em 1371; 4,8% em Florença, em 1480, chegando a 10% dos camponeses toscanos em 1427. Há um desnivelamento nítido entre a posição do homem velho e o da mulher velha nas sociedades medievais europeias. A posição das viúvas à frente da família, por exemplo, caso muito frequente, já que os homens iam à guerra, era deteriorável. Mulheres envelhecidas enfrentavam a viuvez (46% das florentinas eram viúvas aos 60 anos, 53% aos 65 anos, 75% aos 70 anos), o isolamento e a pobreza. A única saída possível a essas mulheres era um abrigo, ainda que acanhado, na casa de um filho benevolente.

É nesse contexto que surge um pensamento no qual estão atrelados os sentidos de corpo e alma. Tomás de Aquino, um dos pensadores da época, traz a possibilidade de observar o movimento exterior do corpo como gesto da alma, onde sua estrutura profunda – tais como desejos, sentimentos e pensamentos – está refletida no modo de agir. O estado do corpo estaria relacionado com o estado da alma, sendo sua intercessão a imagem do homem entre o céu e a terra. Como veremos nas representações iconográficas mais à frente, a interpretação da vida não era naturalista e racional, porque dessa forma a matéria perderia o espírito. A vida do espírito estava atrelada à vida da matéria. Quanto mais vigor no corpo (matéria), mais altivo o espírito.

Desse modo, o corpo velho não transmite qualquer sentido e segurança à sociedade. Por isso o isolamento é destinado a eles, assim como aos moribundos. O corpo medieval (matéria) não era um mero depositório da alma, mas o lugar físico onde se revelava a própria condição humana. O desgaste natural desse corpo refletiria repulsa social imediata. Por isso, uma das fraquezas dessa sociedade era o isolamento precoce dos enfermos e, do mesmo modo, dos velhos. Eram tidos, em sua maioria, como delirantes e inúteis.

A noção platônica da alma concebida como substância espiritual, que é a forma do corpo, ganha outras interpretações com Aquino – que compreende a potência da matéria como essência, ou seja, o corpo tem alma na qualidade de princípio.

Um exemplo para a inseparabilidade entre o corpo e a alma era a forma como se lidava com a dor. O sentimento dilacerante, o sofrimento corporal, tinha sentido mítico e coletivo, nunca individual. Expor a dor na praça diante dos olhos de todos era comum e catártico. Os costumes exigiam que os falecidos fossem publicamente chorados, hábito que sobrevivia com força no século XV. As barulhentas manifestações de pesar eram tidas por decentes – isso sem falar nas punições no meio das praças (como flagelos e decapitações).

Para Aquino, a característica estética tem a mesma complexidade do pensamento, visto que se refere ao mesmo objeto, a realidade substancial. A questão do envelhecimento passa a estar atrelada, então, à perda das qualidades, não apenas físicas, mas de essência do indivíduo. É quando a morte se torna característica associada ao velho. Ele é portador da iminência da morte, tal como um doente. A metafísica medieval refuta o gnosticismo demonstrando que a unidade, verdade e bondade não são valores acidentais, mas inerentes ao ser em nível metafísico. Em suma, tudo que existe na natureza é verdadeiro e bom, mas o tempo o desgasta e o estraga de vez.

A sociedade medieval possuía uma dinâmica resultante de tensões ocorridas entre Deus e o homem, o homem e a mulher, a riqueza e a pobreza, a razão e a fé, o jovem e o velho (ainda que essas categorias se estabeleçam com mais rigidez na Modernidade). Mas, entre todas essas categorias antagônicas, a de maior tensão era a que ocorria entre o corpo e a alma. O único corpo valorizado no período era o do "santo filho de Deus". O corpo do homem, ao contrário, era desprezado.

A justificativa da Igreja estava fundamentada nas escrituras sagradas e em palavras de nomes religiosos do período, como o do papa Gregório, para quem o corpo era qualificado como "abominável vestimenta da alma". Era um dualismo alimentado pela concepção de Platão, onde o corpo era inferior à alma.

A proximidade de definições entre velhice, invalidez e morte torna-se tão recorrente, que a velhice se contrapunha, inclusive, ao amor. O clássico poema medieval *Romance da Rosa (Roman de la Rose*, em francês) é um bom exemplo disso. A primeira parte foi escrita por Guilherme de Lorris em 1230; a segunda foi finalizada por Jean de Meun, por volta de 1280. Escrito como um sonho sobre o amor, esse poema afirma que o sentimento só seria possível a quem estivesse isento de ódio, de traição, de pobreza e de velhice. Na obra, o motivo sexual é descrito como um "jardim das delícias", lugar inacessível a quem não fosse eleito ao amor. E quem estaria de fora? Os pobres, vis e velhos. A desvalorização da velhice tinha relação direta com o fato de que, ainda no século XV, as pessoas gostassem de ser consideradas *esprits forts*.

Em seu outro livro, *O processo civilizador*, Norbert Elias relata que, no fim do reinado de Luís XV, em meio a um anseio de reforma e intensificado como sinal externo das mudanças sociais, o conceito de "civilização" passa pelas alterações de comportamento aplicado a numerosas funções corporais. Um trabalho anônimo da época, *La Civilite honete* [sic] *pour les enfants*, provavelmente de 1780, diz: "Em seguida, ele colocará o guardanapo sobre o corpo, o pão à esquerda e a faca à direita, a fim de cortar a carne sem despedaçá-la [...]. Arrancar pedaços de carne é considerado hábito rústico e cortá-la, evidentemente, maneira urbana. Ele também tomará cuidado para não pôr a faca na boca. Não deve deixar as mãos em cima do prato... nem pôr os cotovelos sobre ele, porque isso só é feito pelos velhos e pelos doentes".

A relação entre morte e riqueza/pobreza já é deveras ampla na tentativa de definir as visões sobre a vida. O fato é que o tema da morte era frequente nas conversas na Idade Média. Esse fenômeno tem relação direta com a expansão da peste, que varria a Europa em grandes epidemias. Só com a Modernidade, a rejeição ou negação da morte tomaria a civilização ocidental. Antes disso, os fatores de troca eram de outro patamar: referem-se à consciência de um *fatum* coletivo ao qual não se abandona.

A iconografia da época fornece pistas de todas essas transformações sociais da representação. Na pintura *Triunfo da morte*, do holandês Pieter Bruegel (1525-1569), também conhecido pela alcunha de O Velho, observamos a representação da peste, quando um exército de esqueletos emerge da terra para causar cenas de destruição em um povoado. No centro da pintura, um esqueleto representa a morte liderando um exército montado em um cavalo amarronzado. Os sobreviventes são encaminhados para um grande caixão, sem possibilidade de salvação. Estão todos amontoados, dando ideia de uma quantidade grande de vítimas, sem condição de lutar contra o mal. A paisagem ao fundo, revelada entre fumaça de incêndio, é igualmente desoladora.

Durante o primeiro milênio da era cristã, o fiel entrega seu corpo *ad sanctos* (do latim, aos santos), ele também se considera um santo. Além da questão filosófica, havia a questão prática. Morrer era algo tão cotidiano, que ninguém se preparava para a morte. A familiaridade com o tema dava um tom banal às perdas bastante cotidianas.

A morte era tão estupidamente corriqueira, que em diversas pinturas ela foi representada junto aos vivos, rodeando-os como numa dança. Eram as danças macabras. Na pintura *Danse macabre* [Figura 14], de 1493, do alemão Bernt Notke (1435-1509), os nobres são acompanhados por caveiras que dançam ao seu redor, zombando deles. As figuras são representadas próximas às pessoas, expressando a ideia de desqualificação da organização social medieval. Essa presença corriqueira da morte entre os humanos exibe ainda uma representação curiosa sobre a velhice.

A pintura de danças macabras também tem relação com a misteriosa praga dançante de Aachen, que tem esse nome pela origem na cidade medieval de Aix-la-Chapelle, atual Aachen, na Alemanha. Em seguida, a praga se alastrou por várias cidades da Europa em 1374, como Estrasburgo e Colônia, também cidades alemãs, Liège e Tongres, na Bélgica, e Utrecht, na Holanda. As vítimas da estranha doença se davam as mãos formando gigantescos círculos ondulantes, girando de forma rápida e aleatória, enquanto gritavam por Deus ou palavras desconexas. Ficavam assim por horas, sem descanso.

A religião costuma se destacar em tempos difíceis. Não por acaso, muitos explicavam a praga de Aachen como um castigo divino à humanidade, no qual Deus teria decidido fazer os humanos flexionarem os músculos initerruptamente para lhes mostrar quem de fato manda em suas vidas. Numa crise da praga em Londres, em 1625, o poeta George Wither eternizou o terror psicológico que essas reações extremas provocavam nas pessoas: "Em umas ruas, igrejas cheias de gente chorando/ Em outras, tavernas cheias se empanturrando/ Em umas casas, salmos e hinos são cantados/ Em outras, urros risonhos são lançados".

Já as pinturas do alemão Hans Baldung (1484-1545) trazem outro tipo de associação, misturando forte teor erótico e macabro, ao aproximar jovens cheias de vida e figuras cadavéricas [Figuras 15 e 16]. Uma de suas criações, *Três idades e a morte*, de 1510, foi a que tentou dar forma visual às três idades da mulher: uma criança no chão, a jovem que se admira no espelho e uma mais velha que tenta afastar a figura da morte com uma ampulheta na mão, símbolo da passagem do tempo. Há uma tensão por estarem representadas em movimento, na ação de embate entre si. Uma figura medonha surge de braços dados com uma velha, e também segura uma ampulheta. A velha, de cabelos brancos e pele enrugada, seios caídos, magricela, tenta arrancar a roupa que encobre parcialmente o corpo de uma moça jovem ao seu lado, que é bela, em gestos elegantes.

É comum termos a representação das "etapas da vida" em várias pinturas medievais, contrastando corpos belos e jovens à feiura magrela de esqueletos andarilhos. A doçura pueril da juventude também contrasta com a vilania imoral dos velhos, já sem qualquer tipo de caráter, apodrecidos não só física como moralmente. Em ambas as pinturas, as crianças estão no chão, totalmente à parte da disputa pelo tempo.

As pinturas das figuras 14, 15 e 16 descritas propõem reflexão sobre o envelhecimento atrelado à finitude da vida. Observemos como a banalização da temática da morte, desde então, norteia a velhice. Se por um lado essa associação segue firme ao longo daqueles séculos, por outro há o surgimento de uma experimentação que assemelha o corpo a sua animalização.

É uma fase de transição para novas compreensões do corpo que vão surgindo na Europa. A virada do século XVI e as décadas seguintes marcaram a mudança de pensamento sobre o poder de conhecimento conferido à Igreja, caracterizada pela superstição e por uma interpretação unilateral da vida. Em *A extração da pedra da loucura* [Figura 17], do holandês Hieronymus Bosch (1450-1516), estão representadas a loucura e a credulidade humana, numa operação cirúrgica típica da época – extirpação de uma pedra que causaria a loucura. Vê-se um falso médico adornado com um funil, símbolo da estupidez, extraindo algo da cabeça do velho louco. Mas o que dele se extrai é uma flor. A bolsa de dinheiro do médico é atravessada por um punhal, símbolo do seu delito. É usado como crítica aos que acreditam controlar o saber, mas que, no entanto, são mais ignorantes que aqueles a quem pretendem curar. Um frade velho o orienta e uma freira observa tendo um livro fechado sobre a cabeça, em alusão à superstição de que se acusava o clero.

Essa representação, datada de 1501, pode ser entendida como uma crítica à concentração da sabedoria mantida pela Igreja. O corpo era considerado pecaminoso. Na impossibilidade de controlá-lo, a Igreja busca codificá-lo. Isso permitia conviver com a possibilidade da morte de forma amena, sem caráter dramático excessivo. Ainda hoje, quando se fala da naturalização da morte, remete-se à época medieval, como seu sinônimo de banalidade. O nível social do medo da morte não foi constante nos muitos séculos da Idade Média, só se intensificando com o agravamento das pestes após o crescimento das cidades e a valorização material em séculos posteriores. Porém, após as grandes pestes, a associação dos enfermos com a velhice se perpetuou.

Nessas sociedades, fortemente organizadas na área rural, o trabalho com a terra era a principal fonte de renda da maioria das pessoas. Era necessária a ajuda do braço de todos que pudessem contribuir com o arado e a colheita para a sobrevivência das famílias. O homem que ainda tivesse força e capacidade física não era descartado de seus afazeres. Caso contrário, a velhice lhe chegava como uma doença, tal como os enfermos por pestes. Como poucas pessoas sabiam ler, uma atividade quase restrita aos enclausurados membros da Igreja e aos nobres, havia mais um motivo para a valorização da arte religiosa, concebida com o intuito de estreitar os fiéis à religiosidade por meio de um caráter didático nas imagens. Como se percebe, as obras do período tinham forte caráter doutrinário.

A consciência da necessidade do coletivo está registrada em outra obra de Pieter Bruegel, repleta de movimentos, revelando uma cena documental daquele mundo do século XVI prestes a ruir. Em *A parábola dos cegos* [Figuras 18 e 19], de 1568, há uma tensão na fileira formada por homens cegos que se guiam uns aos outros rumo a um buraco. Nessa representação sobre como o homem caminha na vida, seguindo os outros quando não busca seu próprio caminho e repetindo erros que poderiam ser evitados, há uma metáfora sobretudo moral da condição humana. O que se contempla nessa pintura é uma crítica ao pensamento coletivo, tão enraizado pela religião, e uma compreensão da individualidade, que na Era Moderna se tornaria a tônica da vida social. A figura idosa entre homens mais novos é parte do todo, sem uma diferenciação de ação, tão vítima quanto os demais, é parte de um só coletivo.

O simbolismo de se compreender o corpo humano, cujas raízes aparecem também na força exercida pela Igreja na Idade Média, sofreria consideráveis transformações vindas a seguir, que culminariam na cultura renascentista na Europa dos séculos XV e XVI. A mudança nas estruturas culturais levaria o continente a caminhar rumo à Modernidade.

5. Renascimento europeu: há um velho no teto da Capela Sistina

O olhar medieval de perscrutar o microcosmos a partir da relação com o sagrado sofre uma reviravolta a partir do Renascimento, movimento cultural, econômico e político que surge no final do século XIV, consolidado na Itália no século seguinte, e que se espalhou pela Europa. As produções culturais visuais se tornaram mais corriqueiras, o que nos permite exemplificar as representações com pinturas e esculturas do período. Diversos exemplos do momento de rica produção europeia nos ajudam a entender que valores são interpretados sobre o indivíduo velho a partir de então.

No apagar das luzes do século XIV, a Europa torna-se palco de uma investigação sob a perspectiva de entender o ser humano além da fé, dissociando valores unificados ao longo da Idade Média.

O corpo humano é alvo de observação e admiração. O médico germano-suíço Paracelso, imbuído pelo espírito cientificista, teorizou na época que o homem é um composto químico, e a velhice, consequência de uma autointoxicação natural da vida humana.

Entre os principais inventores do período, Leonardo da Vinci (1452-1519) fez estudos anatômicos que auxiliariam não apenas a ciência, mas também as artes. Dimensionando a inovação desses estudos, basta imaginar que, por quase um milênio, questões religiosas impediram o homem de explorar o próprio corpo e entender seu funcionamento – as dissecações não eram permitidas nas universidades medievais.

Ao contrário da Idade Média, a Renascença não vê mais o físico como mero invólucro da alma, mas celebra sua beleza. Porém, quando se fala de corpo humano, estamos falando do corpo jovem. A percepção sobre esse corpo humano o elevaria ao centro das atenções do cruzamento entre artes plásticas e ciência, como no mundialmente conhecido desenho *Homem vitruviano*, de Da Vinci. Trata-se do famoso desenho feito por volta de 1490, baseado na obra do arquiteto romano Vitrúvio. Descreve uma figura masculina nua separada e simultaneamente em duas posições sobrepostas, com os braços inscritos num círculo e num quadrado. A cabeça é calculada como um oitavo da altura total. O desenho e o texto que o acompanham são chamados de *Cânone das proporções*. Para o biógrafo de Da Vinci, o jornalista Walter Isaacson, essa obra é um casamento sem igual da ciência com a manifestação artística, já que o renascentista abriu mão de fazer uma ilustração simples para fins científicos e partiu para linhas delicadas ao criar um corpo notável e realista.

Esses momentos de pioneiras investigações sobre o corpo humano dão a dimensão de como suas transformações estão relacionadas à observação. A visualidade traz respostas ao homem. Se para o homem medievo o corpo é sagrado, há agora um "renascimento" dessas significações voltadas à busca pelo conhecimento. Vem também de Da Vinci outra descoberta, em 1508, que alteraria os rumos da medicina, dessa vez ao dissecar o corpo de um ancião de mais de 100 anos. Os resultados do inédito experimento seriam considerados, séculos depois, triunfos da ciência e da arte por historiadores e pesquisadores de anatomia.

Ao tentar decifrar a causa da morte daquele velho homem, Da Vinci documentou o que leva à arteriosclerose, doença em que as artérias acumulam substâncias que formam placas. Ou seja, graças ao seu olhar atento sobre um corpo envelhecido, a ciência deu um largo passo naquele momento.

Outro exemplo clássico dessa era de investigações sobre o corpo, quando os aspectos científicos são emprestados à arte e vice-versa, é *A criação de Adão*, no imponente teto central da Capela Sistina, no Vaticano [Figura 20]. Com 280 cm x 570 cm, a imagem representa o episódio do livro *Gênesis*, no qual Deus cria o primeiro homem. Pintado por Michelangelo (1475-1564) por volta de 1511, Deus é representado por uma imagem masculina e poderosa, mas igualmente envelhecida. Há um jogo de contraste de dois corpos em lados apostos, o do jovem Adão – mais iluminado – e o do velho criador rodeado de anjos.

Como se percebe na figura 20, Adão apresenta músculos em conformidade com estudo anatômico impensado séculos antes. Deus está representado com barba e cabelos brancos, símbolos de sabedoria à época, mas envergado numa forma física jovem e vigorosa. Esse exemplo de pintura reforça a importância do Renascimento para o Ocidente, não só pelo retorno às referências artísticas da Antiguidade Clássica, mas por traçar paralelo entre interpretações religiosas e as recém-descobertas formas anatômicas do homem. Por fim, não se revela desnudo o corpo de um velho Deus, apenas o do jovem Adão, bem torneado e em posição contemplativa.

A nudez dos afrescos causou discussões sobre obscenidade. O papa Paulo III, no começo do século XVI, ordenou que os genitais fossem cobertos pelo artista Daniele da Volterra, discípulo de Michelangelo. Os anjos, como crianças, e Deus, envelhecido, tiveram então suas genitálias escondidas; mas Adão, cujo corpo é jovem, não pareceu um problema a ser escondido.

Quando se visita a Galleria dell'Accademia di Firenze, na Itália, não há como não se impactar com a escultura *Davi*, criada entre 1502 e 1504, o majestoso assassino bíblico de Golias, outra criação de Michelangelo. O corpo masculino desnudo ganha o ambiente – são mais de cinco metros esculpidos em um único bloco de mármore de cinco toneladas e meia. A estátua parece que, a qualquer momento, vai sair andando pelas ruas.

O corpo, cujos braços longos e a cabeça desproporcional, propositalmente delineado para que cause furor ao ser visto de baixo para cima, é um marco do realismo renascentista [Figura 21]. Se num primeiro momento o princípio do contrapeso e o desejo de perfeição da figura humana são recursos herdados da estatuária grega, os detalhes esculpidos vão se revelando modernos para a época. As veias, o semblante contemplador e o peso sobre uma das pernas fazem de *Davi* uma forma harmoniosa de realismo notável, que só foi possível ser executado graças ao estudo de anatomia.

Da mesma maneira, a pintura *O nascimento de Vênus*, datada por volta de 1484, de Sandro Botticelli (1445-1510), atrai os olhares na Galleria degli Uffizi, também em Florença. Apesar de ser uma obra que remete à tradição greco-romana, Botticelli produz interpretação cristã sobre o tema. Vênus nasce das águas, alusão ao nascimento pelo batismo, marcado pela simbologia da concha na qual se encontra; e recebe de uma das *Horae* (deusas das estações) um manto bordado de flores. A postura de Vênus relembra uma escultura grega. *Davi* e *O nascimento de Vênus*, além de fazerem uma clara homenagem à era greco-romana, têm em comum o apreço pelo corpo jovem e sua forma platônica de entender o homem em detalhes, um corpo ideal constituído pelo melhor da natureza. Aqui já se constituem em uma dicotomia de gêneros: o masculino pela força, e o feminino pela delicadeza.

Especula-se que as prováveis fontes textuais de Botticelli para essa obra foram os versos de Homero (928 a.C. – 892 a.C.) e Ovídio (43 a.C. – 18 d.C.), poetas que narram o nascimento da deusa Vênus, associando-a às águas do mar. Mais uma evidência do resgate de valores greco-romanos.

5.1. As rugas do barroco de Caravaggio

Temas religiosos, assim como na Idade Média, foram de grande interesse dos artistas, visto que a Igreja era uma das financiadoras dos ateliês. A era barroca começou em Roma, quando os papas se dispuseram a financiar catedrais para manifestar o triunfo católico após a Contrarreforma e atrair novos fiéis. Como será investigado a seguir, o corpo envelhecido apareceria representado, numa segunda etapa, como consequência natural dessa observação atenta ao ser humano.

E um dos que melhor souberam traduzir em imagens as aflições transformadoras daquela época foi Caravaggio (1571-1610), um dos mais notáveis pintores do barroco italiano. A pintura *Repouso na fuga para o Egito*, por exemplo, traz uma paisagem realista, assim como o corpo do anjo que está em frente ao carpinteiro José, retratado como um velho de mãos calejadas e pés descalços. A figura central, o anjo de corpo quase desnudo, além das figuras da lateral direita, compostas por Maria e o Menino Jesus, são mais iluminadas do que a de José, encurvado e cansado, à sombra de todo o restante. Não há anjos velhos, são sempre jovens ou crianças e bebês querubins. Aos anciãos, nas imagens sacras, cabe a representação de santos.

Depois, os ricos mecenas e nobres passaram a também ser retratados, antes que o homem comum causasse interesse nos artistas. Desenvolve-se um verdadeiro comércio de pinturas retratistas por toda a Europa. O fascínio pela imagem representada nas telas auxiliaria no estudo iconográfico sobre o modo de vida e os costumes europeus ao longo dos séculos. Em contrapartida, nos países islâmicos, por exemplo, essas análises são impossíveis por não ser permitida a reprodução de imagens humanas nas artes plásticas.

Leonardo da Vinci, após pinturas sobre cenas bíblicas, teve na misteriosa *Monalisa* sua mais notável obra. A famosa pintura, em exposição no Museu do Louvre, em Paris, iniciada em 1503, representa o auge da técnica do *sfumato*, desenvolvida por Da Vinci. O termo vem do italiano "*sfumare*", que significa "de tom baixo" ou "evaporar como fumaça". Consiste em reproduzir com fidelidade a textura da pele humana, com camadas de tinta que davam um efeito esfumaçado. É como se qualquer indício de risco tivesse evaporado como fumaça.

Mas é no contraste de claro e escuro, no jogo de luzes e sombreado do barroco, que o corpo envelhecido seria vastamente retratado [Figuras 22, 23 e 24]. O teor dramático das cenas bíblicas também seria tema das pinturas de artesãos, cozinheiras e todo tipo de gente comum, muito além dos ricos mecenas que financiavam os ateliês dos artistas europeus. O velho começa a ganhar espaço nas representações com o aprofundamento das técnicas de sombreamento, do jogo claro/escuro e do olhar estético apurado para as nuances do corpo. Caravaggio tanto soube explorar a luz que, ao trazer o corpo envelhecido às telas, ressaltaria em um realismo impactante as marcas do tempo, as expressões, as rugas e características dessa etapa da vida, dando dramaticidade à arte.

As pinturas das figuras 22, 23 e 24 – *Crucificação de São Pedro* (1661), *São Mateus e o anjo* (1602) e *São Jerônimo escrevendo* (1606) – representam o conceito de exploração dos efeitos de luz e sombra, enaltecidos quando usados no corpo envelhecido. A representação de São Jerônimo, eremita da Igreja e responsável pela tradução da Bíblia para o latim, deu a Caravaggio a oportunidade de explorar o potencial – do ponto de vista artístico – de carne envelhecida e enrugada. Jerônimo é mostrado junto a um crânio, referência à inevitabilidade da morte.

Observada nas pinturas barrocas, a iluminação por áreas tinha como intuito criar planos diversos de profundidade, a partir de fontes de luz que realçam a perspectiva e dão noção de profundidade. As pinturas até então bidimensionais, chapadas em apenas um plano, já não atendem às demandas do olhar da arte da época.

Ao comparar a velhice representada na Idade Média e no Renascimento, o teórico Umberto Eco, em *História da feiura*, cita a figura da "injúria da velha", que aparece em muitos textos, como em *Ars versificatoria*, do poeta francês Mateo de Vendôme (1100-1185), "onde se lê um retrato feio do velho depravado Beroe (cabeça calva, rosto enrugado, olhos remelentos, nariz escorrendo catarro e hálito fétido)". Já na Renascença, a mulher feia era representada pelo "murchamento" da velhice, tornando-se um reflexo melancólico de uma beleza em declínio.

Nas figuras 25 e 26, dois exemplos de grande naturalismo, que mostram como os artistas se expressariam com a inclusão de tipos sociais menos abastados na representação pictórica: *São Pedro penitente* (1679), de Bartolomé Esteban Murillo (1617-1682), representante do barroco espanhol; e *Operação da pedra da loucura* (1624), de Rembrandt (1606-1669), ícone do barroco holandês. O estudo do corpo é essencial para recriar momentos de maior intensidade dramática. A luz não aparece por meio natural, mas projetada para guiar o olhar do observador até o acontecimento principal da obra. Assim, a compreensão dos "defeitos" físicos se torna chamariz para muitos pintores, que procuram estabelecer em seus retratos de rostos grotescos, não uma zombaria dos que para eles posavam, mas um estudo imagético da ação do tempo da forma mais realista possível.

Em *São Pedro penitente*, o corpo santo do homem velho está à espera de uma ajuda divina, por suas mãos em súplica e olhos mirando os céus. Bartolomé, aliás, tem várias pinturas de mulheres idosas, quase sempre em situação precária, e basicamente um mesmo homem retratado em vários de seus trabalhos (São Pedro). Em *Operação da pedra da loucura*, a própria loucura (que, aliás, faz paralelo com a figura 17, de similar temática) é o "defeito" revelado daquele corpo.

Poses naturais em aversão às rígidas tradições de retrato formal da nobreza também marcam a pintura do espanhol Diego Velázquez (1599-1660). Moderação à ostentação e realismo frente ao idealismo fazem da cena doméstica uma banalidade, um dos momentos áureos do artista que gostava de representar cozinhas, alimentos e bebidas. *Velha fritando ovos*, por exemplo, é dominada por uma mulher velha no momento em que cozinha. Sua simplicidade junto a um menino lembra a transitoriedade da vida. O ovo na mão evoca a inconstância das coisas terrenas e uma vida após essa, conforme simbologia da época. A luz forte reforça o naturalismo da pintura, ressaltando texturas da pele e dos objetos. A idosa, cujos traços marcados pelo tempo saltam à tela, tem olhar para fora do espaço, contemplando o desconhecido. Essa figura podia ser tanto uma mãe quanto uma avó que serve a comida. Em várias regiões, era comum crianças tratarem os pais por avós, tentando-se elaborar um sistema pedagógico que tencionava incutir nas gerações mais jovens o respeito aos mais velhos.

Entretanto, havia precariedade entre idosos sem condições de trabalhar e manter seu sustento. Muitos imploravam ajuda aos filhos para que pudessem ter abrigo, sustento, alimentação e banho, visto não possuir condições de ganhar a vida. A velhice na fase pré-revolução industrial era uma experiência de deterioração das garantias da própria independência.

Após o Renascimento trazer atributos que concernem ao corpo jovem-adulto proeminência no campo das artes e da ciência, os próximos séculos aprofundariam o distanciamento etário com a criação de categorias rígidas para separação entre grupos de acordo com suas capacidades físicas de produtividade.

5.2. Romantismo: o tempo no espelho

O espanhol Francisco José de Goya y Lucientes (1746-1828) representou em *Les vieilles* duas mulheres que se olham no espelho, tendo atrás delas Kronos, o deus do tempo, com asas abertas e uma vassoura em punho. Kronos talvez quisesse varrê-las da existência. Em tom satírico, a parte traseira do espelho ainda traz a pergunta "Que tal?" Um século antes, o italiano Bernardo Strozzi também trazia, em *Mulher velha no espelho*, a expressão firme de uma mulher diante de sua própria imagem no espelho, mais uma vez rodeada por outras. Ainda que sejam separadas em tempo e estilo (a primeira, do romantismo espanhol; a segunda, do barroco italiano), as duas representações expõem o caráter de reprovação da velhice, em especial da velhice feminina. O espelho é um elemento recorrente em pinturas como forma de exaltar o choque com o passar do tempo.

Goya, considerado o mais importante artista espanhol do final do século XVIII e começo do século XIX, traz em suas pinturas e desenhos reflexos das transformações que influenciariam outros pintores dos séculos XIX e XX. Em *Les vieilles*, as mulheres estão bem vestidas, há um apontamento de luxo refinado (joias e tecido de seda) que contrasta com a decrepitude de sua fisionomia (olheiras, olhos fundos, pele murcha em tons esverdeados e aparência esquelética). Também poderia ser esta uma crítica à vaidade e à luxúria feminina, tal como fez Bernardo Strozzi. Ou ainda o eterno esperar das horas que o romantismo pregava, na idealização da vida, do amor platônico e dos sentimentos exacerbados.

Mas Goya também soube olhar a velhice em seu horror, quando empregada na personificação masculina, conforme podemos ver em *Dois anciãos* e *Dois velhos comendo sopa* [Figuras 27 e 28].

Em *Dois anciãos* (1819), um homem de bengala não percebe a figura sinistra que se aproxima e parece querer devorá-lo. Estão vestidos como monges, e o da frente tem barba grande. A imagem mais atrás é caricatural, em tom monstruoso, o que nos induz a pensar que se trata da morte vindo avisá-lo de sua hora. Ou também representa a surdez, tendo que falar ao pé do ouvido para se fazer entender, o que faz sentido sabendo-se que Goya tinha problemas de audição. Em *Dois velhos comendo sopa* (1819-1823), uma figura aparentemente sem dentes se alimenta sendo observada por outra, ainda mais velha, esquelética, quase adormecida sobre a mesa.

Esse horror com a velhice, quase em tom satírico na exposição de figuras mórbidas, denuncia o humor presente à época. No prelúdio da Modernidade, fundada nos pilares do Iluminismo, a tradição filosófica que dominava a Europa pressupunha a existência de uma dimensão mais real, concreta e imutável, indo além do mundo sensível defendido até aqui. Seria essa dimensão o local onde estão os verdadeiros objetos do conhecimento humano. Nesse contexto, o filósofo alemão Friedrich Hegel afirmara que o que é real é racional, e o que é racional é real. Para ele, a realidade histórica desenvolve-se enquanto razão, no processo incessante de autossuperação do conflito criado pela contradição. A seu ver, a opinião não concebe a diversidade dos sistemas filosóficos como o progressivo desenvolvimento da verdade, mas na diversidade vê apenas contradição.

É a inauguração da era das incongruências, que promoveria choques entre nações. A Modernidade aprofunda o desequilíbrio como forma de poder.

6. Modernidade, a fábrica de fazer velhos

Quando o inglês Thomas Newcomen (1664-1729) inventou a primeira máquina a vapor, em 1698, que seria aperfeiçoada quase sete décadas depois pelo engenheiro James Watt (1736-1819), começava a entrar em curso um conjunto de profundas mudanças no mundo: a Revolução Industrial. A chamada primeira Revolução Industrial, até meados de 1850, marca o surgimento e expansão de máquinas e indústrias na Inglaterra; a segunda Revolução Industrial, entre 1850 e meados de 1945, consolida o progresso científico e tecnológico pela Europa; a terceira Revolução Industrial, de meados de 1950 até os dias atuais, é caracterizada pelo grande avanço da tecnologia, informática, robótica e eletrônica, incluindo Japão e Estados Unidos como potências industriais.

Iniciado de forma sistemática a partir da segunda metade do século XVIII, esse conjunto de alterações permitiu um avanço tecnológico jamais visto, o que acarretaria novas formas de desenvolvimento econômico e relações sociais. O mundo não seria mais o mesmo, menos ainda a relação entre as pessoas.

A Era Moderna surge quando as primeiras fábricas têxteis, criadas para tecer fios, fazem o mundo experimentar a automatização do trabalho artesanal. Com esse maquinário inovador, tornou-se possível tecer uma boa quantidade de fios. Se executado manualmente, seria necessário o trabalho de várias pessoas por muito mais tempo. Posteriormente, no começo do século XIX, viriam as estradas de ferro, contribuindo para ampliar o crescimento industrial e diminuir distâncias. O desenvolvimento tecnológico culminou na alteração das formas de vivenciar as relações. As que nos interessam aqui, as do indivíduo idoso, se limitaram ainda mais ao âmbito da tradição familiar, no momento em que o conhecimento passou a ser relacionado, a partir de então, à produtividade. Nesse entendimento, à velhice foi reforçado o sinônimo de decadência e inutilidade. Se a atualidade impõe um pensamento de atraso ao idoso, isso se deve, muito em parte, às alterações significativas do século XVIII.

Esse "descarte" vem também das modificações de compreensão sobre o corpo. O ciclo biológico não é o único aspecto ressaltado, já que o corpo assume papel simbólico resultante de construções sociais alinhadas à ideia de que saúde e beleza se associam à juventude. No novo contexto, é preciso ser útil para ter serventia. A eficiência do jovem ganha respaldo diante de poderosas máquinas que substituem os lentos trabalhos manuais. Ao contrário do olhar renascentista – no resgate de valores greco-romanos – de se perceber o corpo como inspiração artística, a nova visão compararia o corpo a uma máquina funcional. Assim, o zelo com seu funcionamento tem significações mais estendidas, de acordo com sua capacidade de produção. Esse pensamento remete ao que o filósofo francês Michel Foucault analisou como uma "arte da existência", visto que esse corpo também tomou a forma de uma atitude, de uma maneira de se comportar e de viver. Os cuidados consigo próprio situam-se na elaboração de um saber.

Com a Modernidade, consolidam-se instituições como o amor romântico, o casamento por opção, a estrutura familiar, o reconhecimento da infância/adolescência/velhice como fases da vida. O surgimento de uma sensibilidade e de comportamentos tão diversos não extingue as práticas anteriores de relações sociais, porém se agrupam a outras compreensões, entre elas os cuidados dedicados às crianças, até então vistas como adultos em miniatura.

A criação das instituições modernas – a escola, o Estado, o direito, o trabalho industrial etc. – se baseou no reconhecimento das faixas etárias e na institucionalização (ou normalização) do curso da vida. A pesquisa antropológica demonstra que a idade não é um dado da natureza, não é um princípio naturalmente constitutivo de grupos sociais, nem pode ser um fator explicativo para comportamentos humanos.

Ainda assim, é a valorização de uma classificação numérica dos limites de idade, imposta e reconhecida pela sociedade moderna como meio de organização, que também passa a definir a velhice. A alteração das categorias de identidade envolve luta política, pretendendo redefinição de poderes de grupos sociais em diferentes momentos da vida. A fronteira entre o jovem e o velho é um local de disputa em diferentes sociedades, na maioria das vezes dominado pelo primeiro grupo.

Mesmo que as faixas etárias tenham sofrido várias alterações ao longo dos dois últimos séculos, as categorias sociais que delas se originaram também tiveram mudanças e até supressões. Giraram em torno de termos como infância, adolescência, juventude, jovem adulto, adulto, maturidade, idoso, velho, terceira idade, entre outros. Isso inclui valores, como diferença, separação, heterogeneidade, pluralidade, novidade, evolução, desenvolvimento, revolução, história... Nomes que se direcionam a um só termo: futuro. Nesse contexto, História é compreendida como objeto de uma construção cujo lugar não é o tempo homogêneo e vazio, mas um tempo saturado de "agoras". O projeto de Modernidade equaliza o tempo presente e o passado, criando a ideia de que o bom está por vir, sempre no futuro. Logo, o "agora" é eternizado num tempo que permite imaginar o futuro como um objetivo sempre por vir.

Diante das novas perspectivas trazidas pelo processo de racionalização originado pelo capitalismo industrial, Max Weber defendeu a estreita relação entre ética religiosa e a conduta do homem moderno. Em sua análise na obra *A ética protestante e o espírito do capitalismo*, original de 1905, enquanto os católicos mantinham preferências por trabalhos artesanais, os protestantes eram arrebatados por posições destacadas nas fábricas modernas. Isso explica o tipo de educação propiciado pela atmosfera religiosa da comunidade e da família, que determinava a escolha da ocupação e, consequentemente, da carreira profissional. Isso ajuda a entender, por exemplo, como a industrialização avançou rapidamente na Inglaterra protestante, antes dos países católicos.

O chamado espírito do capitalismo se relaciona com o modo de produção no qual o próprio trabalho é tomado como finalidade em si, e não um meio para algo além. O trabalho traz exaltação moral. O entendimento de Weber sobre as mudanças de arranjos sociais reforça que a industrialização provocaria mudanças de organização e hierarquia, posto que o homem que trabalha tem boa moral. Veremos mais à frente como os excluídos dessa lógica seriam realocados.

Ao ilustrar tal fenômeno, Weber cita Benjamin Franklin, que assim defendeu: "Depois do trabalho árduo e da parcimônia, nada contribui mais para a criação de um jovem que a pontualidade e a justiça em todos os seus negócios". Torna-se uma virtude humana o acúmulo de riquezas, por meio de conduta racional disciplinada.

Com a formação das classes burguesas, no advento do capitalismo industrial, surge de fato a categoria "juventude" – que almeja se inserir nessa moral weberiana; o que pressupõe a criação de uma denominação oposta a ela, na outra ponta da linha etária, a ser rejeitada. Quando se define juventude, também se define velhice.

Entre os cavaleiros do século XIII, um homem de 40 anos era visto quase como velho. Nas sociedades industriais do século XX, é quase jovem, guardadas as devidas diferenças de classe. Além da questão de maiores expectativas de vida, isso ocorre porque, por meio da linguagem, o corpo se apresenta como portador de sentidos, numa condição de signo possível de ser interpretado, além da constituição orgânica.

6.1. Cézanne, Van Gogh e outros retratos

Nas sociedades capitalistas, a velhice não é bem-vinda por entendê-la como uma ameaça à vida social. Na França do século XIX, a velhice nas classes abastadas não era designada da mesma forma negativa como nas classes populares. O uso de termos como velhote (*vieillard*) era comum para designar quem não fazia parte da corte. As representações da velhice na França carregavam conotação negativa, o que viria a se refletir, em parte, no pensamento ocidental contemporâneo. Essas representações traduzem a velhice como uma enfermidade rumo à morte, impregnando-a de pessimismo e hostilidade. Mais do que outras faixas etárias, a velhice expressa a ambiguidade da condição humana: estão neste mundo, mas já não deveriam fazer parte dele.

Para ilustrar essa ambiguidade, pensemos nas pinturas do francês Paul Cézanne (1839-1906). Na representação da figura 29, *Mulher velha com um rosário* (1896): uma velha humilde, encurvada, rezando com terço nas mãos. Na figura 30, *Louis Auguste Cézanne* (1866): o pai de Cézanne, de sapatos e gorro, sentado numa poltrona para ler o jornal. A cotidianidade das cenas traz a ambivalência entre dois tipos de velhice: a abastada – visto que a leitura era hábito de classe instruída – e a religiosa, retratada como introspectiva e resignada. Ou, ainda, é possível ler outra dicotomia: a velhice feminina e a masculina, presas ao conformismo do tempo, que em nada remete à ideia de progresso, já bastante enaltecido à época.

Um elemento-chave necessário à compreensão dessas novas representações da velhice é o crescimento demográfico das pessoas acima de 60 anos, homens velhos, do século XVIII e, mais particularmente, do século XIX. Até a véspera da Revolução Francesa, que perdurou de 1789 a 1799, pessoas acima de 60 anos representavam 8% da população no país, número maior que o da Grã-Bretanha e da Alemanha. Mas isso não foi entendido como resultado de progresso na qualidade de vida. Os dados demográficos foram interpretados como declínio no país, dessa forma o envelhecimento se torna motivo de preocupação permanente. A obsessão demográfica de se rejeitar o envelhecimento utiliza o argumento de que nada pode ser construído a partir dessa nova realidade.

As pinturas de Paul Cézanne ajudam a ilustrar o surgimento da noção de representação social da velhice ligada ao pertencimento de classe social. De modo geral, a dupla imagem – velhice aristocrática sábia e reverenciada, por um lado; e a velhice decrépita e miserável de outro – abrange esses dois últimos séculos. O contexto de representações dominantes de uma "velhice-problema" servirá de referência para o Estado.

Com a técnica única do emprego de tinta diretamente do tubo sobre a superfície da tela, o holandês Vincent Willem van Gogh (1853-1890), considerado uma das figuras mais influentes da história da arte ocidental pelos trabalhos impressionistas, soube reforçar essas nuances a suas figuras retratadas. Além dos famosos girassóis cujas cores saltam aos olhos, os idosos de Van Gogh parecem dizer mais do que a exposição de suas aparências exteriores, no contraste de cores que habitam seu universo subjetivo. Suas pinturas estão alinhadas com uma representação do velho socialmente plural nas suas possibilidades de vivência, mas repletos de signos que o homogeneízam na melancolia e solidão. Nas figuras 31 e 32, duas pinturas: *Velho homem fazendeiro* e *Velho na tristeza* (ambas de 1890). Na figura 31, um homem do campo com chapéu, olhar contemplativo, apoiado em uma bengala. Na figura 32, um homem sentado numa cadeira, apoiando as mãos apertadas contra a face, em completo desespero. Para muitos críticos, trata-se de uma reflexão do estado mental de Van Gogh em seus últimos dias, em intenso conflito com sua existência. Os traços fortes do pintor expressam ainda mais dramaticidade às cenas.

Do mesmo modo, as pinturas naturalistas do norueguês Christian Krohg (1852-1925) dialogam perfeitamente com essa proposta de representação de Van Gogh. Na figura 33, *Five to twelve*, um autorretrato de 1924 – Krohg, de longa barba branca e careca, dorme desajeitado em uma cadeira sob um relógio de pêndulo. Apesar de o relógio estar em branco, o título da obra indica cinco minutos para a meia-noite, o que simbolizaria a proximidade do fim de um dia, o fim de um ciclo, ou ainda o fim da vida. Na figura 34, retrato da velhice masculina, sob o título *Niels Gaihede*, de 1888. Possivelmente um homem próspero. Figura 35: *The net mender*, de 1879. Mais uma vez, ao fundo, um relógio isolado na parte superior, enquanto um homem dorme e sua mulher costura em ambiente domiciliar.

Pelo olhar de Van Gogh ou de Krohg, é possível compreender o idoso do final do século XIX como outra classe social, igualmente repleta de diferenciações entre si – de classe econômica, de instrução, idade, gênero, cor etc. Mas também marcada pelo abandono, miséria e decrepitude. É essa representação de idoso que a Modernidade tem como ator social em vigência.

6.2. Progresso sob as tintas de Picasso, Portinari e Baluschek

A percepção sobre o idoso introduz pertinente questão ao olhar de exclusão social. No campo simbólico, uma das mais significativas alterações que o século XVIII trouxe foi possivelmente a visão de futuro, como dito anteriormente. Uma palavra – que também estampa a nossa bandeira – teve ali sua noção criada como se concebe hoje: "progresso".

A frase "Ordem e progresso" é uma redução do lema positivista: "O amor por princípio e a ordem por base;

o progresso por fim" (em francês: *L'amour pour principe et l'ordre pour base; le progrès pour but*). Corrente filosófica surgida na França no começo do século XIX, o positivismo teve Auguste Comte e John Stuart Mill entre seus principais pensadores. Antes da Revolução Industrial, entendia-se progresso como um processo de mudanças cíclicas, ou seja, ora eram melhores, ora piores. Agora progresso passava a ter sentido de melhoria ao longo dos tempos. O século XVIII, considerado o Século das Luzes, não só acreditava neste sentido, como passou a crer-lhe indispensável à humanidade. Foi com a crença imperecível no progresso, por exemplo, que o nazifascismo justificou todo um espólio de horrores bem mais tarde, no século XX.

Duas obras de forte apelo social da primeira metade do século XX [Figuras 36 e 37] reforçam as consequências capitalistas de um progresso mirado unicamente no futuro: *Mendigo cego com um menino*, do espanhol Pablo Picasso (1881-1973), e *Retirantes*, de Cândido Portinari (1903-1962). Em comum, o uso de cores frias, a sensação de solidão e desamparo, a ausência de expectativas. Na figura 36, de 1903, a figura de um velho cansado junto a um menino, ambos sentados no chão. Na figura 37, de 1944, uma família miserável – no canto esquerdo, um velho de barba longa e o rosto marcado pela dureza da vida, apoiado numa estaca, encara o pintor como um pedido de ajuda. Ao fundo, urubus sobrevoam a família.

Em uma obra do polonês Hans Baluschek (1870-1935), intitulada *Fruhlingswind* (1923), se vê uma mulher idosa, em situação de vulnerabilidade, se protegendo do frio numa rua deserta de uma grande cidade urbanizada. Sua solidão é equivalente à de *Arranjo em cinza e preto nº 1* (1871), em que o pintor estadunidense James McNeil Whistler (1834-1904) retratou a própria mãe. Em um ambiente simples, quase monocromático, uma senhora repousa as mãos no colo sentada como se esperasse o passar das horas em seu quarto, no qual não há muito o que fazer. Austera, sem qualquer ação, parece sem perspectivas, ainda que não se compare com o flagelo das imagens anteriores. A classe social até pode ser outra, mas a perspectiva desesperançosa une as imagens.

Há lugar no futuro para essas pessoas? De que progresso se fala quando a realidade de muitos é como a retratada por Picasso e Portinari, ou mesmo por Baluschek e Whistler? Se às crianças é destinado o futuro, as de Picasso e Portinari têm lugar assegurado no progresso? E aos velhos, o que se destina? Mesmo separados por técnicas e estilos diferentes, os velhos de Van Gogh [Figuras 31 e 32] e os de Christian Krohg [Figuras 33, 34 e 35] também atendem a esses questionamentos. Eles conversam com os dilemas vigentes na mesma época.

Uma boa definição de progresso nas sociedades modernas é dada por Adrian Forty, professor britânico especializado em história da arquitetura e do design, ao dizer que se trata de uma série de medidas provocadas pelo capital industrial. Para entender melhor que medidas são essas, em uma concepção hegeliana da História, é preciso entender cada fato importante como propulsor da humanidade em direção à liberdade. Aí entra outro conceito que atinge em cheio a percepção de velhice: liberdade.

Quando as tropas napoleônicas fizeram a entrada triunfal na sua cidade, Stuttgart, na Alemanha, Friedrich Hegel convenceu-se de que acabara de chegar o espírito do mundo (*Weltgeist*) montado num cavalo. Em sua oposição, o teórico Theodor Adorno, ao se posicionar de modo contrário a esse ufanismo do progresso diante da razão dominante e vindoura, reformula a metáfora hegeliana, ao longo da Segunda Guerra Mundial (1939-1945): "Eu vi o espírito do mundo, mas não a cavalo: eu o vi nas asas de um míssil". De forma irônica, Adorno defende que essa concepção iluminista de progresso, comprada pela Revolução Industrial, não condiz com a realidade do século XX.

Ao visar o futuro, a Era Moderna promove achatamento do tempo presente na busca incessante pelo novo, um novo que só está no futuro, no imaginário. Em defesa do tempo presente, o filósofo e político romano Sêneca, há dois milênios, já dissera que "a expectativa é o maior impedimento para viver: leva-nos para o amanhã e faz com que se perca o presente". O incontrolável desejo humano de se projetar ao futuro, na vã tentativa de se precipitar ao tempo, é, por pressuposto, uma forma de não viver.

Essas variações constantes promovem contradições embutidas nas "tradições" da modernidade. Colocamos aspas em "tradições" para reforçar que não se remete a um passado distante, mas a uma forma de caracterizar a vida social, demonstrada em objetos eletrônicos, na compulsão industrial-tecnológica, na desenfreada concepção do tempo. Os *agoras* produzem uma sucessão de passados-presentes. O hoje é reciclado numa memória que, no acelerar de passos, rapidamente se transforma em passado. O futuro já não é uma garantia, logo a liberdade também deixa de ser. Não ter certeza do futuro impossibilita a liberdade de se viver na tranquilidade do presente. A aceleração da modernidade para o tempo presente é uma forma de se adequar ao almejo de um futuro que nunca será experimentado.

A falência da concepção de progresso, e em consequência a de liberdade, é sentida em vários aspectos, tais como: ambiental, com o aquecimento do planeta e destruição de mananciais; social, no aumento da violência e outras formas de segregação; econômico, no aumento dos desníveis entre classes e entre países, além da escassez de acesso a bens de consumo e bem-estar; político, no fortalecimento de grupos extremistas em países democráticos etc. A modernidade que fundou a ideia de progresso é a mesma que a matou.

É importante pensar não apenas a ruptura moderna, mas as demais já levantadas aqui de civilização para civilização. Muito possivelmente, o futuro imaginado pelo faraó Tutancâmon, que governou o Egito durante uma década, até sua morte precoce, aos 19 anos, por volta de 1323 a.C., fosse a reencarnação. Esse futuro era tão almejado que Tutancâmon, tal como mandava a tradição dos faraós, foi enterrado com seus pertences pessoais para lhe garantir a liberdade no mundo dos mortos. Um faraó egípcio era dependente de seus objetos (ou seja, de seu passado construído ao longo da vida) para alcançar a vida eterna (o que entendia como futuro).

Nesse sentido, o homem moderno é muito mais autossuficiente, porque experimenta o futuro no acelerar das horas, na constante ruptura do novo que se torna velho. Ou seja, o moderno olha para o ontem com crítica, cedendo lugar a outra tradição. Na Era Moderna não há mais dicotomia entre passado e presente, porque tudo passa a ter tempo acelerado de existência. Tudo se torna prematuramente envelhecido.

6.3. Por dentro das fábricas (e o olhar do cinema)

Recorre-se à comparação da Modernidade tal como uma fábrica de velhice. A temporalidade moderna nos dá a impressão de uma aceleração contínua do tempo que "urge sem parar". Uma fábrica nunca atinge seu objetivo, está em constante operação para cumprir metas e, em seguida, superá-las. Mas antes de esmiuçar esse comparativo, pensemos como a imagem de uma fábrica operando initerruptamente é símbolo de progresso na visão capitalista, e como isso influencia o dilema etário. Os modos de vida social e privado no século XIX tornam-se inseparáveis das circunstâncias econômicas.

Em modernização tardia, o Brasil também passaria por essas transformações no século seguinte. Juscelino Kubitschek quis modernizar o país incentivando a vinda de fábricas de automóveis, marco de seu governo desenvolvimentista no final dos anos 1950. A crença inabalável no progresso acolhe suas inquietudes no fascínio pelas fábricas, tanto que muitos presidentes costumam estar presentes na inauguração. Décadas antes de JK, Getúlio Vargas promoveu a modernização do país criando a Companhia Siderúrgica Nacional (CSN), em Volta Redonda (RJ), com financiamento dos Estados Unidos, em 1946, e a Petrobras, em 1953.

É em torno das fábricas que as lutas de classes se fortalecem. As greves operárias de 1979 na região do ABC Paulista, na fase de abertura política da ditadura militar, marcam o ressurgimento do movimento trabalhista. Os metalúrgicos reivindicavam aumento salarial e melhores condições de trabalho.

Foi apontando uma câmera parada ao portão de uma fábrica, que os irmãos Lumière produziram *A saída dos operários da fábrica*, primeiro registro cinematográfico da história, em 1895. Também foi uma fábrica o cenário de *Tempos modernos*, de 1936, uma crítica à alienação física e ideológica trazida pela industrialização. É a ida a uma fábrica o desejo de crianças ricas e pobres no conto do inglês Roald Dahl, que recebeu adaptações para o cinema com o título *A fantástica fábrica de chocolate* – uma fábrica colorida, utópica. Nesses exemplos audiovisuais, de três séculos diferentes, em nenhum há presença de idoso como operário. Assim como não há idoso na pintura modernista *Operários*, de Tarsila do Amaral (1886-1973). Registro da industrialização paulistana, pintado pouco após a crise de 1929, Tarsila imortalizara 51 feições desesperançadas dos trabalhadores fabris, todas semelhantes, sugerindo a massificação do trabalho no período da era Vargas. Essa interpretação dialoga com a definição de fábrica proposta pelo sociólogo Erving Goffman, como uma "instituição total", mecanismo de controle social que funciona ao dissipar as individualidades.

Esses lugares, de residência ou de trabalho, agrupam um grande número de indivíduos em semelhante situação, separados da sociedade mais ampla por longo período de tempo, levando uma vida fechada e administrável. Assim como também são as escolas, presídios, manicômios, hospitais etc. O uso de uniforme, as regras, os horários de entrar, de sair e de comer, tudo é controlado para que o interno absorva as regras, evitando comparações com o mundo exterior.

A palavra "fábrica" remete a espaço de ação prática. Do latim *fabrica*, significa oficina onde se fazem coisas. Remete a movimento, criação, algo em constante atuação. Fabricar é também produzir, entregar a outro um bem ou produto. Assim como o surgimento da máquina a vapor aumentou a eficiência da indústria manufatureira e dos transportes, fomentou a transformação de mestres artesãos em trabalhadores assalariados. A perda da autonomia de criação e produção, que já vinha em curso, se acentuou no contexto da crescente insalubridade das cidades, agora maiores e mais violentas.

O filme dos irmãos Lumière nos transporta para a saída frenética de operários no final de seu turno, supondo que outros tantos devem naquele instante assumir a operacionalidade das máquinas. Num verdadeiro fetichismo por chaminés, a produção fabril precisa sempre alinhar necessidade com novidade, para que se desperte o desejo do consumo ininterrupto. Se a sociedade não cria um pacto com o novo, não há dinamismo e desejo. Na utopia de *A fantástica fábrica de chocolate*, o desejo está representado no que a fábrica pode produzir de melhor: o chocolate como uma metáfora para fantasia, onde os operários são duendes animados, seres que cantam enquanto trabalham felizes. Os visitantes, as sortudas crianças acompanhadas de parentes, agem com atos animalescos ao atravessar a porta, porque não estão habituadas à rigidez do local mascarada pelo colorido de suas máquinas. O seu oposto, a distopia fabril, está em *Tempos modernos*, numa crítica ao modelo fordista da produção de repetições, sem tempo para outra coisa a não ser o trabalho incessante e ininterrupto.

É sob o aspecto desse trabalho ininterrupto que a Modernidade traz a interpretação de uma velhice cada vez mais palpável, no sentido de estar logo ali no tempo quase presente. Tudo envelhece rapidamente no contexto da eficiência. Os que são considerados velhos devem ser descartados muito antes de sua morte, na primeira identificação de suas fraquezas. Isso faz muito sentido quando se utiliza como exemplo o avanço tecnológico nas redes de produção, em que se pensa que apenas os jovens se adaptam a mudanças cada vez mais velozes. Por isso salta aos olhos que a pintura *Operários* não tenha idosos entre os retratados. Eles não entram em fábricas. Como também não são vistos saindo delas, pelas lentes dos irmãos Lumière.

Desses exemplos, o único velho a entrar numa fábrica é Joe, avô que acompanha o menino Charlie em *A fantástica fábrica de chocolate*. Mas Joe não é operário, é apenas um dos convidados presentes momentaneamente no local. Os visitantes, crianças e adultos, agem de igual maneira. O dono e anfitrião da fábrica, o excêntrico Willy Wonka, o mais adulto entre os funcionários, tem medo de envelhecer. Talvez supondo que perderia seu lugar de destaque.

A Modernidade rompe com outras maneiras de pensar. A palavra "ruptura", aliás, é compreendida como necessidade para dar conta de espaços a serem preenchidos pelo novo. Desde o século XVIII, são acentuadas as percepções de que a mudança está sempre por chegar, após alguma ruptura no agora e na tentativa de se criarem outras tradições. Isso ajuda a explicar como a velhice se torna descartável ao agregar simbolismos a serem evitados. A começar pelo termo "tradição", algo que parece datado.

É razoável pensar que a modernidade tem muitos sentidos. Vários deles antagônicos entre si. Um deles: quer chegar ao futuro, mas rejeita o que é velho. Outro: ao pensar o futuro como algo desejável e o moderno com caráter substancial, projeta-se, em contrapartida, o passado como algo retrógrado.

Desse modo, tal como passado e futuro são polos opostos numa mesma linha temporal, entende-se também que na Modernidade se acentua a padronização das diferentes fases – infância, adolescência, idade adulta e velhice – sendo esse processo entendido como resposta às mudanças estruturais na economia, devido sobretudo à transição de uma produção de unidade doméstica para uma produção baseada em mercado de trabalho. A Modernidade alargou a distância entre adultos e crianças, não apenas pela construção da infância como uma fase de dependência, mas também por meio da construção do adulto como um ser independente, dotado de maturidade psicológica, direitos e deveres de cidadania.

Em sentido oposto, percebe-se que a distância entre adultos e idosos vem se achatando. Estaria a "fabricação massiva de velhos" causando uma extinção da fase adulta? Crê-se no novo como valor a ser alcançado – sempre desejado, mas nunca alcançado. O futuro é um objetivo que está sempre por vir, todo o restante é desviado do caminho. E o que se faz com toda essa "produção" de velhos? A lógica moderna estimula o descarte.

É sempre bom lembrar que a Modernidade inaugurou uma sucessão de guerras e revoluções que são empuxos para o progresso que ela própria almejou: a Revolução Francesa em 1799, que marca a transição da Era Moderna para a Contemporânea, guerras napoleônicas em 1803, Guerra da Secessão de 1865, a Revolução Russa de 1917, duas Guerras Mundiais (1914-1918 e 1939-1945), entre outras. Financiadas por ideários de mudança e progresso, as guerras, em concepção abrangente, aceleram a construção e a eficiência de máquinas, aumentam o poderio bélico e provocam uma corrida armamentista, alteram planos econômicos, dependem de investimentos em tecnologia e ciência, forçam transformações políticas e mudam hábitos de consumo.

Em análise resumida, o ator de uma guerra é o soldado – ou revolucionário –, na figura do homem jovem detentor de capacidade física para lutar por mudanças. É esse homem jovem que "guia" a nação rumo às transformações, é nele que se deposita a esperança do progresso. Tanto que a mulher só começa a frequentar as fábricas quando esse homem está marcando outra posição – na guerra.

Se é a época que agrupa revoluções, a Modernidade é também o período em que tem reinado a insociável dupla trabalho/dinheiro. Trabalha-se para adquirir bens e melhorar a posição social para, só depois, viver melhor. Projeta-se no futuro a possibilidade de vida aprazível. É essa possibilidade, e não garantia, que se planeja no presente. Adam Smith, já em *A riqueza das nações*, de 1776, percebeu que havia entendimento de que a vida é o trabalho, e vice-versa. O que mais tarde Karl Marx definiria como bem inalienável do ser humano, sua força de trabalho, é o que entra em jogo na discussão sobre atores que agem na Modernidade.

Sem entrar nas relações contemporâneas de trabalho, que à luz do neoliberalismo empregam a palavra "reengenharia" como operação decisiva de rompimento com o passado, são marcas da época atual a redução do emprego e o aumento da eficiência produtiva. Entendendo como neoliberalismo a exacerbação do capital privado, em que todas as situações e coisas têm valor de mercado, a flexibilização das relações de produção tende a ordenar novos formatos de laços sociais. No reexaminar da ordem sociopolítica e econômica no planeta, com aprofundamento da lógica maniqueísta, o jovem é flexível, aberto ao novo, a novas experiências; e o idoso é arcaico, tradicional demais, inadequado a essa realidade, portanto está fora do jogo. Logo, mantém-se cada vez mais distante do almejado "progresso".

O filósofo camaronense Joseph-Achille Mbembe propõe pensar o homem contemporâneo constituído de sua contínua busca por uma eternidade que vença o tempo. Após passar pela Idade da Pedra e da Prata, do Ferro e do Ouro, o homem chega agora aos dias da "plasticidade" e dos transplantes. O desejo de uma vida ilimitada e contínua só seria possível por meio de manipulações genéticas e transplantes tecnológicos.

Pensar a contemporaneidade em toda sua incerteza engloba entender as relações sociais, econômicas e de produção como instáveis. Desde Marx e Engels, em debate com o idealismo hegeliano, a Modernidade é compreendida como um processo socioeconômico e cultural que derrete todos os sólidos, nada é estável no constante processo de construir, destruir, reconstruir.

O progresso desmancha o que é fechado, isolado, que tenha graus de parentesco e afetividade oriundos do modo tradicional de operar. Conforme Marx e Engels, no *Manifesto do Partido Comunista*, de 1848: "Tudo o que era sólido desmancha no ar, tudo o que era sagrado é profanado, e as pessoas são finalmente forçadas a encarar friamente sua posição social e suas relações mútuas". Para Zygmunt Bauman, os sólidos prestes a derreter nesta fase da modernidade líquida são os elos que entrelaçam as escolhas individuais em projetos e ações coletivas – os padrões de comunicação e coordenação entre as políticas de vida conduzidas individualmente, de um lado, e as ações políticas de coletividades humanas, de outro.

Esse fenômeno é sentido de forma muito particular em cada região do globo. O processo de industrialização se deu de forma desigual entre os países da América Latina, porém houve entre eles o desejo compartilhado de se alcançar o "futuro" que nações desenvolvidas, como as da Europa e principalmente os Estados Unidos, já vivenciavam. A partir das últimas duas décadas do século XX, abrindo mão da soberania de Estado e do planejamento dentro de antagônicas realidades sociais, países latino-americanos foram substituindo regimes ditatoriais por um modelo desenvolvimentista calcado no neoliberalismo como forma de acelerar o tempo, romper tradições vistas como resquícios coloniais e superar o atraso econômico. Ao contrário de nações desenvolvidas, já estruturadas em políticas de bem-estar social, países periféricos precisam lidar com diversos desafios de inserção, como o de interpretar o idoso além do ciclo biológico, alterando seu lugar social e lidando com sua definição tão fluida.

6.4. A liquidez da velhice e as novas temáticas seriadas

A "liquidez" do termo velhice, além da volatilidade, carrega interpretações sociais ambíguas que remetem à disputa de poder entre diferentes campos. Para o sociólogo Pierre Bourdieu, é onde se constroem sentidos comuns, espaço de práticas específicas, de história própria, e por isso mesmo espaço de disputas. Um homem de 40 anos pode ser chamado de velho ao ingressar no ensino superior, mas será considerado novo ao se dizer avô. Aos 30 é considerado velho ao tentar, em vão, se alistar na carreira militar, mas será jovem caso seja indicado para assumir uma vaga no Supremo Tribunal Federal (STF). Uma mulher pode ser julgada velha para começar uma relação aos 50, mas jovem para se aposentar. Um jogador de futebol tende a parar aos 30, uma modelo de passarela até antes disso, mais ou menos na mesma época em que um médico está apto a começar a trabalhar. Um professor idoso carrega consigo toda a sabedoria acumulada em décadas de magistério, mas também pode despertar dúvidas sobre a capacidade de se adequar ao advento tecnológico.

Nesse sentido, o cinema contemporâneo e as empresas de *streaming* nos servem de vários exemplos de como a velhice pode ser representada no choque de sentidos que se espera dela em sua localização social. No filme *Um senhor estagiário,* de 2015, Robert de Niro interpreta o viúvo Ben Whittaker, de 70 anos, que ganha a chance de se tornar um estagiário sênior em um site de moda. Já na série *Gracie & Frankie,* de 2017, produção da Netflix, Jane Fonda e Lily Tomlin dão vida a duas mulheres que empreendem vendendo vibradores adaptáveis para senhoras de suas idades. Um homem idoso trabalhando e, mais do que isso, ocupando o cargo de estagiário, somado a duas mulheres que empreendem na indústria da sexualidade feminina são exemplos de como os sentidos do envelhecimento são reorganizados de acordo com a quebra de práticas sustentadas socialmente, o que chamamos anteriormente de "espaço de disputas". Há diversas outras opções recentes que dialogam com essas descobertas de possibilidades para tal grupo.

Vivemos a era da sensação subjetiva da passagem do tempo. Antes disso, nas sociedades tradicionais, a questão geracional estava relacionada a um lugar bem definido na estrutura sociofamiliar. Por entender as sociedades modernas como complexas, o indivíduo agora atua em diferentes níveis entre as camadas familiar e social. As sociedades, marcadas pela heterogeneidade e variedade de experiências, contribuem cada vez mais para a fragmentação de seus papéis. Fica mais difícil a conformação da ausência de múltiplas funções, da retidão de uma só possibilidade. Por isso se normaliza o surgimento de significados e valores diversos. A velhice, desse modo, ganha compreensão plural.

Porém, todas essas funções só foram possíveis porque, se na Idade Média, por exemplo, o corpo foi sacralizado pelo pensamento católico reinante no Ocidente, na Modernidade foi feito um pacto com o progresso. A ideia de longevidade se tornou palpável, inaugurando um comportamento que visa ao futuro. Ao viver mais, o indivíduo se orienta pelo seu bem-estar. A categoria "velhice" passa a abrigar diversas compreensões, tornando-se "velhices".

Ainda cabe ao progresso a resolução de pendências, como ele também é culpabilizado pela desordem em diferentes esferas. O desapontamento com o futuro já aparece no século XXI como sinônimo de nossa era. As mudanças climáticas e a devastação de biomas, a acentuação de desigualdades, o avanço tecnológico em áreas tradicionais, a falta de maior incentivo ao consumo consciente, o poderio do capital especulativo, a precarização do trabalho, a desvalorização dos mais velhos, entre outros, são parte da arbitrariedade do tempo presente, em nome de benfeitorias a serem usufruídas em um dito futuro.

Oposto aos dilemas fundados no século passado, quando segurança e bem-estar eram itens almejados em projeções acerca do futuro, como definido por Sigmund Freud, o processo civilizatório atual foca na questão da liberdade, uma questão sempre em choque com a possibilidade de segurança. Em sociedades de modernidade tardia ou países de industrialização recente, como os da América Latina, o incentivo cada vez maior para que a iniciativa privada aja como regente social numa falsa sensação de liberdade míngua os sistemas sociais à medida que o indivíduo já não é inserido na lógica de existência.

Desse modo, retornemos à ideia inicial. Sugerimos que a fábrica de velhos opera "a todo o vapor" nos dias atuais, para definir a rapidez com que a Modernidade torna o presente obsoleto e produz "velhices" descartáveis. E quando uma fábrica produz, espera-se que haja absorção da produção, visto ser esta sua finalidade. Uma sociedade que "produz" cada vez mais idosos – não apenas no sentido de uma expectativa de vida mais ampla, mas também na elasticidade desse termo – precisa compreender como "escoar" (ou lidar com) sua "produção".

Reside aí mais uma contradição contemporânea: ao aglutinar diferentes grupos etários sob uma só definição, precisa encontrar meios de não os tornar rapidamente subutilizados na lógica produtiva. O descarte intensificado pelo modelo neoliberal age de forma sistemática. Ainda que seja moldada como categoria ao longo dos séculos, é na Modernidade que a complexidade da velhice é agrupada como nomenclatura decisória, uma classificação etária. Quando a Modernidade constitui lugar político de existência, um lugar de depreciação, marca também sua invenção como categoria.

O domínio do próprio corpo só foi possível pelo efeito do investimento do corpo pelo poder. Da mesma forma que surgem dietas específicas, exercícios e ginástica que modulam corpos musculosos, produtos com a finalidade de produção de corpos "perfeitos", cirurgias estéticas para manutenção da juventude, também são criadas leituras para as possibilidades de velhices. É como uma reivindicação do corpo contra o poder, que se institui de diversas formas – por meio da economia, do comportamento, da sexualidade, das normas de saúde etc.

Os novos estudos sobre o envelhecimento nos permitem estudá-lo por fatores como gênero, classe socioeconômica, herança genética, ambiente cultural, condições de saúde, história de vida, entre outros, com a finalidade de promover outros sentidos que extrapolem e rompam rótulos historicamente assentados. Vencedor de dois Oscars em 2021 (roteiro adaptado e melhor ator), o filme estadunidense *Meu pai*, por exemplo, apresenta a narrativa do ponto de vista do portador de Alzheimer.

Há em construção uma nova moral do corpo, cada vez mais individualizado, quando se redefine a velhice em sua amplitude, contrariando o silêncio que a negligencia por séculos. A diversidade no envelhecimento passa a ser mais difundida nas últimas décadas, quando a imagem e representação de velhos no final do século XX e começo do século XXI ganham recortes de diferenciação.

A vastidão de novas abordagens e compreensões de capacidade do indivíduo envelhecido permitem incluir temáticas pouco exploradas até então no audiovisual, principal matriz de representações dos nossos tempos. Poderíamos citar aqui várias produções que rompem com a "estética sem rugas" e propõem uma redescoberta da maturidade. Algumas das mais significativas e que valem a atenção:

No filme britânico *Boa sorte, Leo Grande* (2022), a professora aposentada Nancy Stokes resolve romper com seus tabus após a perda do marido, ao contratar o jovem Leo Grande, um profissional do sexo. A história se desenrola quando Nancy revela que nunca teve orgasmo em seu monótono casamento. Em outro filme britânico, *Garotas do calendário* (2003), mulheres idosas de Yorkshire, na Inglaterra, resolvem posar nuas para um calendário com o intuito de arrecadar dinheiro para um hospital. Elas acabam se transformando em sensação mundial. Na série brasileira *Os experientes* (Globoplay, 2015), no episódio 2, "Atravessadores do samba", um grupo de septuagenários se apresenta em pequenos eventos e tenta recomeçar após a morte de um de seus membros. No filme chileno *Agente duplo* (2020), indicado ao Oscar de filme estrangeiro, um investigador particular contrata uma pessoa idosa para trabalhar como espiã em uma casa de repouso onde há suspeita de abusos contra os residentes. Na novela *Bom sucesso* (TV Globo, 2019), o empresário Alberto (vivido por Antônio Fagundes) lida com a questão da finitude da vida. No filme brasileiro *Casa de antiguidades* (2020), Cristovam (vivido por Antônio Pitanga) é um operário desprezado na empresa e na comunidade em que vive.

Esses exemplos ajudam a ilustrar a abrangência de representação de velhices na contemporaneidade. Frise-se, porém, que esse heterogêneo grupo social começa a receber maior atenção midiática, em parte por questão quantitativa também em países como o Brasil e por seu poder de consumo, antes fatores ignorados pelo mercado. Novas representações tentam valorizar a dignidade do corpo envelhecido, derrubando a identidade vinculada a um unitário padrão social. Mas ainda há uma forte manutenção de estereótipos que perpetuam o poder hegemônico na garantia de privilégios e do poder simbólico da juventude. Romper a identidade vinculada a um unitário padrão estético de beleza, em se tratando de um país tão plural como o Brasil, é uma luta ainda longa pela frente.

As mais diversas interpretações sobre a velhice aqui expostas nos fazem crer que o passado não é imutável, assim como o futuro não deve ser entendido como inabalável. Por isso mesmo, a História não é neutra. A História pressupõe disputas permanentes.

7. O velho no mal-estar neoliberal

Marquês de Sapucaí, carnaval de 2005. A tradicional escola de samba Portela tem problemas com atraso no encerramento de seu desfile. Pelo tempo regulamentar, deve atravessar o sambódromo em 82 minutos. Para não ser penalizada, após ordem de seu presidente, os diretores fecham o portão de acesso à pista da concentração. O ato enérgico deixa de fora a última alegoria, que traria o grupo de velhos sambistas, chamado tradicionalmente de velha guarda. Nomes como Paulinho da Viola, Tia Surica, Noca da Portela, Monarco, entre outros baluartes do samba, caem em prantos. Enquanto isso, as últimas alas atravessam a Sapucaí correndo para não estourar o tempo. A arquibancada popular, no setor 1, parece não acreditar no que está acontecendo. A imprensa questiona a medida. Outros sambistas choram. Impensável imaginar uma das mais antigas escolas de samba sem os nomes que fizeram sua história. O desfile termina, o cronômetro é zerado, já não se ouve o samba e, por decisão própria, a velha guarda atravessa a avenida em uma longa caminhada rumo à Praça da Apoteose. Praticamente todas as arquibancadas se levantam, aos gritos e aplausos, para reverenciar os velhos portelenses. Um turista de um grupo de alemães, sem entender a comoção provocada pela passagem dos senhores vestindo terno de linho azul e branco, me pergunta: "Quem são?" Alguém responde: "São o samba".

Aos olhos estrangeiros, em um primeiro momento, essa emotiva reverência aos sambistas idosos pode representar o zelo que o brasileiro teria com sua parcela da população mais velha. O antropólogo Roberto DaMatta já demonstrou, em vários estudos, como o carnaval fala sobre o que somos. Ignorar a importância daqueles idosos e proibi-los, momentos antes, de desfilar, também diz muito sobre nós.

Quinze anos depois, logo após o carnaval, em 20 de março de 2020, foi decretado no país estado de calamidade pública pelo Congresso Nacional, como medida urgente para que o governo federal desobedecesse à meta fiscal a fim de repassar aporte financeiro aos estados. Era o começo da pandemia de covid-19, afetando a ordem socioeconômica com forte recessão mundial.

A pandemia foi de imediato comparada a pestes da Idade Média, a outras doenças respiratórias recentes, como a gripe espanhola de 1917-1918, e a SARS de 2003. O editorial do jornal *O Globo* de 23 de março de 2020, que traduz o humor à época, reforçava que "nunca houve nada igual, pela velocidade com que o vírus se espalha pelo planeta, representando grave perigo para as populações". Para dar a magnitude do que foi essa primeira onda da doença, um recorte: apenas em abril e maio de 2020, a covid-19 foi a causa de 34% das mortes no Rio de Janeiro. Foram contabilizados 6.487 óbitos, quase o dobro da principal causa de morte no mesmo período do ano anterior, quando doenças do aparelho circulatório vitimaram 3.281 pessoas, segundo dados do sistema Tabnet do governo federal.

Tentando minimizar o alerta da pandemia e contrário às orientações da Organização Mundial da Saúde (OMS) e de líderes de nações que já estavam com sistemas de saúde em colapso, como Itália e Espanha, o então presidente Jair Bolsonaro fez a seguinte comparação, em março de 2020: "A Itália se parece com Copacabana, onde em todos os edifícios há um homem idoso ou um casal de idosos. É por isso que eles são muito frágeis e muitas pessoas morrem. Eles têm outras doenças, mas dizem que morrem de coronavírus. [...] Não é o coronavírus que mata os velhinhos, essas pessoas já estão debilitadas".

A tentativa de subestimar o impacto do vírus se mostraria frustrada pelo número de vítimas fatais atualizado diariamente pela mídia. O apelo médico para que se mantivesse isolamento social tinha como objetivo evitar a propagação do vírus em grande escala, a fim de não sobrecarregar o frágil sistema de saúde no Brasil. No entanto, logo seriam sentidas as consequências econômicas da ruptura abrupta da livre circulação de pessoas: desemprego em curva ascendente, menor arrecadação de impostos, queda na receita das empresas.

Antes da vacinação, ainda na primeira onda da pandemia, em meados de 2020, já assustava a rapidez de contágio e letalidade entre idosos – empresários se juntaram à fala de autoridades políticas, contrariando as de saúde, ao pedirem que não fosse feito o *lockdown*. Um deles, do ramo de restaurantes, chegou a declarar: "Não podem simplesmente os infectologistas decidirem que todo o mundo tem que parar, independentemente das consequências gravíssimas que vai ter na economia". A mídia divulgou alertas e declarações políticas, inclusive que "elogiavam" a morte de idosos pela covid-19, o que seria positivo para diminuir o rombo nas contas da previdência social e melhorar o desempenho econômico. Sim, houve quem comemorasse a pandemia, visando à redução do déficit previdenciário brasileiro.

O sistema capitalista estava em polvorosa com os apelos sanitários. A economia brasileira já vinha, antes da pandemia, apresentando tímido crescimento. O Produto Interno Bruto (PIB) cresceu 1,1% em 2019, primeiro ano do governo Bolsonaro, segundo o IBGE. Com a pandemia, a economia no país acompanhou o ritmo planetário de desaceleração. Ao longo da pandemia, foram muitas as declarações de que os idosos não deveriam ser alvo de preocupação da sociedade.

Na lógica racional do lucro capitalista, minimiza-se a morte de idosos em detrimento das consequências de se abster de atividades econômicas e da circulação de bens e pessoas. Tais declarações, que exacerbaram a impiedade de um sistema calcado na concentração do lucro, reforçam o estigma de que o idoso é um ser frágil e em declínio físico e mental, incapacitado de atividades individuais, desprovido de propósitos sociopolíticos e, assim, desmerecedor de assistência em momento de fragilidade econômica e grave crise global. O pensador Ailton Krenak, líder do movimento indígena e um dos responsáveis pela inclusão do *Capítulo dos índios* na Constituição de 1988, tem uma analogia bem didática para essas declarações discriminatórias que representam a banalização da vida. Para ele, dizer que a economia é mais importante é como dizer que o navio importa mais que a tripulação. Sabemos que quase nunca a ala idosa da tripulação desse navio é vista circulando no convés. A crítica ao modelo neoliberal compreende como a invisibilidade de determinados grupos se torna mortal quando toda a tripulação precisa repensar sua existência e os modos de relação. A isso é chamado "necropolítica", termo de Achille Mbembe para definir relações de poder de uns sobre outros, garantindo o extermínio desses "outros" quando necessário.

A atitude de determinados governos durante a pandemia apenas exacerbou a visão contemporânea de que é preciso produzir para ter visibilidade e utilidade. Da mesma forma, sistemas de previdência social são compreendidos como gastos permanentes a cidadãos "inúteis". A instrumentalização capitalista controla o pêndulo de deixar viver/fazer morrer. A visão moderna de produtividade aliada à inserção social se fez bastante atualizada nos discursos durante o cenário pandêmico. A velhice é traduzida como gasto econômico de não produtividade, um fardo social.

A base estratégica de sustentação do neoliberalismo adapta os princípios do liberalismo clássico às exigências de um Estado regulador devidamente realocado, sob o argumento do livre funcionamento do mercado guiado por grandes corporações privadas. Já apontado pela teoria marxista em leitura crítica ao capitalismo, "o motivo que impele e o objetivo que determina o processo de produção capitalista é a maior expansão possível do próprio capital, isto é, a maior produção possível de mais-valia, portanto, a maior exploração possível da força de trabalho"[9]. A gestão neoliberal não permite a paralisação dessa estrutura para "apenas" proteger idosos, excluídos do processo produtor.

A gradativa saída do Estado de setores estratégicos, acompanhada das sucessivas crises que agravaram a fragilidade financeira do país, vem provocando a perda da autonomia política e econômica. O peso de decisão política dada ao mercado vigora com entusiasmo, quebrando laços de humanismo que, porventura, ainda resistiam. O sociólogo francês Edgar Morin lembra que o humanismo trazia em si a ideia de progresso, apesar dos terríveis desmentidos dos totalitarismos e das guerras do século passado. Mas os retrocessos nacionalistas, o recrudescimento de vários tipos de preconceito (como racismo, xenofobia, etarismo) e a primazia do interesse econômico promoveram uma crise nesse pensamento. Morin enumera, entre vários fatores, a mercantilização generalizada como destruidora dos tecidos de convivência.

Por ora, a pandemia exacerbou as faces do sistema econômico vigente, o que ajuda a compreender a posição de desassistência ocupada pelos idosos e trabalhadores, em reformas fortemente implementadas a partir dos governos Michel Temer (2016-2018) e Jair Bolsonaro (2019-2022), com apoio do Congresso Nacional. Isso só foi possível porque houve uma mudança gradativa de comportamento ao longo das últimas décadas. A precarização do trabalho e a diminuição das proteções sociais dinamitam a ética pessoal de responsabilidade dos indivíduos, por também se tratar de uma ética social baseada na ideia de solidariedade em sociedade.

Num Estado apoiado em feroz competitividade, cabe ao indivíduo produzir sem questionar, na impossibilidade de defender seus pares ou a si mesmo na busca incessante da própria monetização. Como contrapartida para a "fábrica da modernidade" estar em pleno funcionamento, produzindo e monetizando, são necessárias somas crescentes de dinheiro. Recorre-se até ao encolhimento do serviço público gratuito, ou seja, da fraternidade entre pessoas e grupos, para que se obtenha recursos financeiros capazes de saciar a fome das máquinas.

---

9 MARX (1867), 1998, p. 384.

Quando o salário se tornou linha divisória entre o que pode ou não ser compreendido por ganho de trabalho, a aposentadoria foi associada a assistencialismo por parte do Estado, cada vez mais devedor e enfraquecido. Por isso, gastos com idosos parecem inadequados à realidade de mercado competitivo. Também por isso o "trabalho" é a palavra mágica utilizada para se defender a importância dos idosos. Valoriza-se quem se mantém financeiramente ativo. O trabalho tem a missão de enobrecer a velhice. Se há quinhentos anos a velhice era marca dos que não possuíam caráter, agora o remédio para esse furto provocado pelo tempo é a atividade laboral.

Trabalhar significa independência do Estado, a não necessidade de uma aposentadoria. O discurso é pela valorização da atividade remunerada, mas sem depender da máquina pública. Tal perspectiva, sobretudo na América Latina, permite a manutenção de um sistema que prioriza ganhos concentrados em grandes empresas privadas. Sucessivas crises econômicas forçam reformas para enxugar a máquina pública, diminuindo progressivamente a responsabilidade do Estado. Esse fenômeno leva a um cenário de incertezas em todas as camadas etárias: jovens são expostos a oportunidades sem respaldo de leis trabalhistas, dizimadas por reformas governamentais, na "uberização" do mercado; adultos são confrontados com enxugamento de vagas, na constante insegurança da perda de empregos e benefícios; e, por fim, idosos precisam completar o tempo de serviço para a aposentadoria – ou mesmo os que conseguem se aposentar – carecendo de oportunidades que não visem à informalidade e ao subemprego.

As narrativas em vigor permitem exemplificar como o preconceito etário é usado para a hierarquização no funcionamento de uma estrutura de poder. Sob o impacto combinado do triunfo ideológico do neoliberalismo diante das bruscas mudanças tecnológicas, o modelo segrega a participação em atividades produtivas. Não comportando todas as camadas, o neoliberalismo exclui os que julga menos úteis. Isso só reforça o motivo pelo qual o sociólogo polonês Norbert Elias diz que muitas pessoas têm receio de se identificar com os velhos e moribundos, sendo eles também inúteis.

A respeito da recente realidade pandêmica que o mundo enfrentou no prelúdio da terceira década deste século, reforça-se como se expuseram as disputas políticas que evidenciaram a estrutura global que rege o neoliberalismo. A banalização do vírus, por vezes tratado como "uma gripezinha" que "só mataria velhinhos", ecoou no discurso político então vigente.

O exemplo da pandemia como crítica ao neoliberalismo evidencia o etarismo nu e cru experimentado na fase contemporânea. Porém, é preciso fazer uma observação: o neoliberalismo não inventou a imagem do idoso decrépito e inútil. Essa concepção surge já nos primórdios do capitalismo, como defendido anteriormente, para o qual o indivíduo só é útil se tiver força de produção eficiente.

O que o modelo neoliberal instiga é a potencialização das forças produtivas, diminuindo postos de trabalho para maximizar a concentração de lucro e, como consequência, invisibiliza grupos que não atendam a tais necessidades – como percebido quando se precisou zelar pelos mais frágeis na recente pandemia. Assistiu-se a uma tentativa, por vezes bem-sucedida, de liquidá-los. A pandemia foi gerenciada por certos governos como operacionalidade de mortes e, ao escolher quem deve viver e morrer, o Estado inferioriza os idosos.

Essa contextualização política se faz necessária, ainda que o foco neste livro sejam as variações da representação dos idosos de forma imagética. Toda imagem é um discurso. Mas nem sempre as palavras e imagens precisam ser expostas aos olhos e ouvidos. Muitas vezes são postas em prática. Como um simples fechar de portões numa avenida de carnaval.

Assiste-se, neste final de primeiro quarto do século XXI, à desesperança centrada nas consequências de uma política econômica que corrói geração de empregos em nível global, ao aumento acelerado da miséria no país e à diminuição do poder de compra da classe média. Falar sobre idosos é, muitas vezes, refletir sobre o que se pretende para um projeto de futuro. Entretanto, em cenários que aprofundam desigualdades e crises ininterruptas, em que nem o presente está assegurado, é também necessário se questionar *quem* poderá se tornar idoso.

Da prática da oralidade em sociedades originárias da África e das Américas às alterações provocadas pelo adensamento populacional na Idade Média europeia, das produções filosóficas do apogeu greco-romano à fábrica de fazer velhos na Modernidade, as classificações de velhice obedecem a uma mesma lógica dominante. A interpretação dessas alterações simbólicas sobre o corpo envelhecido culmina com o advento do neoliberalismo, quando o sistema econômico impõe regras de conduta fortemente atreladas à produção e ao lucro individual ou de pequenos grupos multinacionais que diminuem a importância prática de constituições.

A crise moral aberta pelo neoliberalismo deve nos situar no lugar exato de uma fissura, com os pés sendo separados por ela, a ponto de uma situação limítrofe de decisão: para que lado tenderemos a ir? Se já não for mais possível o modelo anterior de sociedade, devemos acatar essa individualização que nos força a banalizar desigualdades que seguem sem solução? Ou achar uma forma de cimentar essa fissura enquanto os pés se mantêm firmes num equilíbrio disforme?

Comparando aspectos da representação da velhice ao longo dos tempos, entendemos como a disputa é sempre pela constituição do imaginário social. Este é o poder maior. Por isso, a premissa aqui defendida é por uma contextualização, sobretudo imagético-política.

"Que vamos fazer com os velhos, se já não está aí a morte para lhes cortar o excesso de veleidades macróbias?"

As intermitências da morte, de José Saramago

CAPÍTULO II

SABERES DO CORPO ENVELHECIDO

Na primeira parte deste livro, foram identificadas diferentes interpretações sobre o corpo velho. Acredita-se, desse modo, que tal percurso fornece embasamento à discussão que se segue, já que a compreensão de contextos socioculturais permite interpretar desdobramentos contemporâneos em curso. Partimos do pressuposto de que a capacidade de contar histórias sobre o corpo é fundamental para a noção moderna de envelhecimento e suas expectativas quanto ao comportamento humano.

A sociedade tende a uma construção e manutenção de padrões de sexualidade baseados na padronização dos gêneros masculino e feminino, claramente naturalizados em graus de importância. Para exemplificar a discussão, visitemos uma cena do nono episódio da primeira temporada da série estadunidense *The Crown*, produção original da Netflix, de 2016, que mostra o então primeiro-ministro britânico Winston Churchill.

Churchill foi primeiro-ministro britânico por duas vezes – de 1940 a 1945, durante a Segunda Guerra Mundial, e de 1951 a 1955, já na fase pós-guerra. Na produção, ele é interpretado pelo ator John Lithgow, numa cena em que está indignado com sua imagem retratada num quadro comemorativo de seus 80 anos. Churchill não se reconhece na pintura, por não suportar a possibilidade de assumir a velhice, que lhe traria consequências para a atuação e imagem como homem público e político. A fúria do primeiro-ministro está em se ver retratado como fraco e velho. A cena desnuda essa condição de homem velho. A indignação de Churchill é real, entretanto, o final do episódio, em que a mulher, Kathleen Barry, queima o quadro, não se sabe se é verdadeira. A obra consta como "uma arte perdida", de acordo com o site da Enciclopédia Britânica.

O desdobramento da série dialoga com uma das características dos tempos atuais, o culto ao corpo, que parte da premissa de valorização estética da performance. Segue-se a ideia de se "parecer ser" como mais importante do que, de fato, "ser". Nesse pensamento cabe parecer jovem, belo, forte, inteligente, rico etc. É a interpretação individual de si mesmo que dá a tônica da atuação social. Numa sociedade da informação cada vez mais imagética, a representação do indivíduo é carregada de informações visíveis e contextualizações simbólicas que ditam seu lugar, sua importância e sua atuação.

A irritação de Churchill tem uma explicação que vai além do aspecto do olhar sobre si mesmo, mas também sobre a possibilidade de compreender que esse olhar remete ao seu novo lugar, que renuncia ao comando, distanciando-o do poder que sempre teve como homem na sociedade sob domínio masculino. A velhice masculina, nesse ponto, é marcada pela perda da altivez e do sugerido enfraquecimento de seu falocentrismo físico.

A primeira interpretação de si é sempre a observação sobre o corpo, por carregar elementos que possibilitam distingui-lo entre tantos outros e também equalizá-lo com os demais. Nesse olhar para o outro como quem olha para si próprio, a contemporaneidade dota de importância a imagem como elemento identitário. É sabido que a linguagem audiovisual nunca foi tão valorizada como atualmente (assim como a pintura foi há três séculos). Por somatizar aspectos visuais e sonoros, promovendo a emoção numa lógica de sentidos, a comunicação audiovisual é repleta de significados que impulsionam subjetividades e, em consonância, permite o senso de coletividade. No caso da narrativa ficcional, utilizada como comunicação de significados, ela também obedece a uma organização de sentidos que reflete a estrutura social na qual se insere. Assim, entender por que pessoas idosas não são comumente representadas na produção audiovisual ou, ainda, por que surgem representadas de determinada forma, passa por interpretar a sociedade da qual se fala e o contexto de temporalidade em que se produz tais produtos.

No Ocidente, a associação entre masculinidade e músculos visualmente definidos, por exemplo, está impregnada na indústria do entretenimento -- não só no cinema estadunidense, como no videogame, nos desenhos de super-heróis e na valorização de corpos supermusculosos em redes sociais. Há um deslocamento do sofrimento para valoração desse tipo de corpo. Sofre-se por não se ter uma musculatura hipertrofiada, no que seria o corpo "ideal".

O corpo como objeto de exibição pública tende a ser avaliado negativamente, caso não esteja adequado a determinados padrões sociais, acarretando comportamentos que afetam seu bem-estar, como a compulsão por exercícios físicos, desregramento alimentar, utilização de substâncias nocivas à saúde, isolamento e ansiedade, entre outros. Assim, a utilização de um padrão de corpo masculino musculoso pode ter efeito tóxico na autoestima e na saúde mental de homens já na adolescência, porém provoca um aprofundamento desses significados quando se chega à velhice. Isso porque o corpo do homem idoso não comporta o mesmo padrão físico do corpo jovem, tendendo a ser interpretado como menos dotado do que se imagina ser a masculinidade.

Antes de entrar na discussão sobre a representação da velhice masculina contemporânea, em especial a do Brasil, trataremos dos aspectos que compõem a base estrutural das compreensões sobre o corpo envelhecido.

1. Corpo e poder na discussão etária

Uma frase atribuída ao escritor curitibano Paulo Leminski diz que "o poder é o sexo dos velhos". Indo além, exercer algum tipo de poder é um regozijo para os idosos, acometidos quase sempre da passividade que lhes atribuem. Ao se entender que classificações etárias (jovem, velho etc.) passam pela percepção visual sobre o outro, ou sobre o corpo do outro, e que essas percepções estão atreladas a um imaginário de capacidades física e psíquica, é necessário que se apresentem nesse escrutínio algumas ideias da utilização do corpo como lugar de existência, agregando signos culturais e sendo interpretado de acordo com exercícios de poder.

A compreensão do que somos se dá, primeiramente, na observação sobre o outro. O corpo transmite compreensão antes mesmo da fala. Enxergar o outro como um corpo e compará-lo ao nosso é estágio inicial da criação de laços e graus de pertencimento. O antropólogo francês Lévi-Strauss afirma que o corpo é a melhor ferramenta para aferir a vida social de uma sociedade.

Sendo então a visualidade a primeira possibilidade de troca de informações, a pele é uma superfície na qual os mundos interno e externo imprimem diversos conflitos. Estão sobre a pele as primeiras pistas para uma classificação e identificação do corpo. Em "Algumas formas primitivas de classificação", que faz parte do livro *Ensaios de sociologia*, Marcel Mauss e Émile Durkheim chamam atenção para a relevância do poder social nas formas de classificação. Para os sociólogos, toda classificação implica uma ordem hierárquica da qual nem o mundo sensível nem nossa consciência nos oferecem modelo. Deve-se, pois, perguntar onde fomos procurá-lo.

Como já exposto anteriormente, todo tipo de classificação seria especulação da realidade, com a finalidade de tornar compreensíveis as relações entre os seres, antes mesmo de ser utilizado como modo de ação. A dupla Mauss e Durkheim defende que as formas de classificação são, assim, produto da necessidade humana de relacionar ideias, para que o conhecimento possa ser agrupado em campos específicos de compreensão – sejam eles grupos de gênero, cor, faixa etária, fator econômico, entre outros. Todos esses campos são, portanto, construídos por valores sociais.

Partindo dessa premissa, o recorte de gênero, por exemplo, carrega características socialmente construídas, que reforçam diferenciações entre os sexos, muito além da questão biológica. A figura do homem, tal como a da mulher, traz atributos que marcam posição na sociedade, tipo de valorização econômica, papel desempenhado na família, no ambiente de trabalho, no lazer etc. Intrínseco ao exercício da masculinidade que o coloca em posição privilegiada na maioria das culturas, o homem é primeiramente incorporado ao processo de homogeneização através do gênero, para depois passar por subdivisões – cor, sexualidade, fator econômico, nacionalidade, idade, entre outros.

Ainda que as diferenças de identidade sejam resultado de processos de produção simbólica e discursiva, a diferenciação por meio da qual elas são produzidas está longe de ser simétrica, e se perpetua até a velhice, visto que identidade é uma relação social. Sua definição está sujeita a vetores de força e poder. Ela não é definida, mas imposta. Muitas vezes nem nos damos conta, mas essa definição faz parte de um campo com hierarquias, sendo alvo permanente de disputas.

O que é visto como "diferente" num contexto social ganha dimensão de destaque. As diferenças entre masculino e feminino são instrumentalizadas para controlar e cercear possibilidades. Os estereótipos de submissão são projetados não só na educação, na cultura e entre relações estabelecidas, mas também nos aspectos materiais da existência. São desigualdades de poder, de acesso a oportunidades, de liberdade de escolha, de prestígio, entre outras, produzidas em relações de gênero, que influenciam também as condições etárias.

Ao se falar de "corpo", não se pretende promover ou reforçar uma dissociação corpo-mente, tão habitual na Modernidade. A célebre frase "Penso, logo existo", do filósofo francês René Descartes, que abraça a visão iluminista, pondo a razão humana como única saída para a existência, na verdade corrói a possibilidade de um existir para além do físico, no campo simbólico. É isso que faz a representação: dar a esse corpo o simbolismo de existência, carregado de valores e subjetividades que comporão a forma de ser visto no mundo. Portanto, ao se falar em "corpo", pensemos em sua mais ampla possibilidade, como um conjunto de acumulação de sentidos que busca existir para além da razão.

Isso ajuda a entender como a representação de corpos é utilizada para aquisição de um saber ou mesmo instalação e manutenção de um poder. Corpos iguais são agrupados numa mesma categoria, corpos diferentes são agrupados em outra (os diferentes). Entre eles, há os corpos mais úteis e os menos úteis, os mais belos, os mais capazes, os mais produtivos, os mais dóceis, entre tantas definições. A esse entendimento se aplica o exercício de poder, uma força externa ao indivíduo, mas dele oriunda; a que Foucault classifica em *Vigiar e punir* como "tecnologia política do corpo". Ou seja, há uma compreensão do saber do corpo que não passa pelo seu estado, e um controle de forças que não depende dele. O corpo é instigado a dar retorno de acordo com a incidência de poder que age sobre ele, e que o mesmo absorve. Por exemplo, o que se espera do corpo feminino jovem é que seja reprodutor; e do corpo masculino jovem, que seja viril e forte. É sobre essas expectativas que age a compreensão do envelhecimento.

O sociólogo espanhol Josep-Vicent Marqués pontua que, independentemente da posição que ocupa, a imagem do homem é associada a poder, sendo esse poder algo que já existe ou que deve ser alcançado. Assim, ser homem remete a noções de liberdade, segurança e demonstração de relevância. De forma mais direta, Marqués defende que a construção social do masculino está ligada à noção de importância. O que não se suporta é a ausência dessa ênfase e até mesmo de sua própria pessoa. Algo que será sentido na experiência da velhice.

Muito além de determinar aspectos de aparência, o envelhecimento delimita o comportamento que se anseia da outra pessoa. Ao defender que é impossível separar "biologia" e "cultura" na espécie humana, o antropólogo Roberto DaMatta sugere que a invenção da cultura foi a grande responsável por mudanças básicas na nossa estrutura neurobiológica e anatômica. O corpo somatiza a cultura, bem como épocas históricas. Assim como para o sociólogo José Carlos Rodrigues, a cultura, distintivo das sociedades humanas, é um mapa que orienta o comportamento dos indivíduos em sua vida social. Outro autor que trabalha a ideia de corpo como instrumento político, o sociólogo francês David Le Breton prefere a hipótese de que a sociologia aplicada ao corpo se distancia das alegações médicas que desconhecem dimensões pessoal, social e cultural de suas percepções sobre o corpo.

Na questão etária, vê-se que, ainda que visível por aspectos físicos, o envelhecimento é delimitado por substratos sociais que são variáveis entre sujeitos, de cultura para cultura, de época para época. Como exposto no capítulo anterior, não é possível pensar a representação da velhice sem o componente histórico-cultural no qual se insere.

Assim, a qualidade de vida na velhice não passa unicamente pela aceitação pessoal ou familiar do indivíduo na sua condição biológica, mas também da sociedade em valorizá-lo e, por fim, da sua relação sociocultural. Soma-se a aspectos de classe social, cor, localidade etc., e como a sociedade faz escolhas de uns em detrimento de outros.

Pensar o corpo como aglutinador de fatores é uma visão que floresce com Marx e Engels, para quem o corpo é resultado da cultura. A crítica marxista às condições operárias da Revolução Industrial não deixa de ser uma análise sobre como funciona a organização social dos corpos, inserida no contexto de dominação e, por isso, sendo urgente a necessidade de modificações. À luz dos avanços tecnológicos, Marx acreditava que a mecanização do processo industrial tornaria "supérflua a força muscular", abrindo novas frentes de emprego de trabalhadores sem essa característica, o que daria oportunidade a mulheres e aos mais velhos. O aproveitamento, entretanto, ocorreu em curtos momentos, como em períodos de guerra. O que permite supor que essas exceções são recursos do capitalismo para manter o padrão de equilíbrio do capital, em vez de se buscar inserção de grupos marginalizados do sistema produtivo. Saindo a força muscular como base de produção, os mesmos agentes agora são realocados, sem abrir brechas nas possibilidades de comando. A própria História ensina que o machismo, o racismo, a homofobia e também o etarismo não são meros acidentes na formação social que perduram na sociedade capitalista, mas, sim, elementos intrínsecos ao capitalismo, consequência do percurso que construiu as bases vigentes na atualidade.

O corpo idoso, descartado pelas fábricas após décadas de serventia, e ignorado pela sociedade, tende a ser corpo improdutivo do ponto de vista industrial, mas também corpo desqualificado do ponto de vista social. Nesse aspecto, Foucault lembra que: "As crianças, afinal, levam muito tempo para saber que têm um corpo. Durante meses, durante mais de um ano, elas têm apenas um corpo disperso, membros, cavidades, orifícios, e tudo isso só se organiza, tudo isso literalmente toma corpo somente na imagem do espelho. De um modo mais estranho ainda, os gregos de Homero não tinham uma palavra para designar a unidade do corpo. Por paradoxal que seja, diante de Troia, abaixo dos muros defendidos por Heitor e seus companheiros, não havia corpos, mas braços erguidos, peitos intrépidos, pernas ágeis, capacetes cintilantes em cima de cabeças: não havia corpo"[10].

No lado contrário dessa linha etária, dos idosos é retirado o direito sobre o próprio corpo. Se as crianças demoram a entender sua existência a partir da ocupação de um corpo inserido num grau de pertencimento de grupo, os idosos perdem esse pertencimento no momento em que já não são produtivos – homens, pela força e virilidade, mulheres, pela fertilidade. No capitalismo, corpos que não produzem perdem seu capital simbólico.

Ao trazer uma análise da Modernidade, no final do capítulo anterior, chamamos de "fábrica de fazer velhos" o sistema no qual a contemporaneidade rege o tempo presente. Em nome de um ideal de progresso a ser sempre conquistado, almeja-se o novo como produto que dará vazão à constante e insaciável iminência do futuro. Em contrapartida, não se adequou um lugar para o que não cabe nessa classificação. O corpo idoso, tirado da compreensão de capacidade física e intelectual, é imediatamente sucumbido ao esquecimento. As rugas devem ser evitadas, os cabelos brancos precisam ser tingidos, a dentadura deve ser omitida, a bengala é sinal de ineficiência, a fala vagarosa e o pensamento esquecido são reflexos de descontinuidade, a diminuição da potência sexual é reflexo de masculinidade enfraquecida, o andar arrastado não condiz com a velocidade do tempo urgente e, por último e igualmente importante, a associação com a proximidade da morte impossibilita a crença no futuro.

---

10 FOUCAULT, 2013, pp. 14-15.

2. Os rostos por trás do capuz de *Os amantes*, de Magritte

Mais adiante será discutido como o corpo, que já não atende a determinadas perspectivas, tende a ser eliminado, de acordo com o grupo social a que pertence. Isso porque, se a gestão sobre a vida determina distribuição e manutenção de certos privilégios sociais, a condição do corpo idoso é reflexo de um poder vigente, como já dito, em consonância com Foucault, para quem o corpo é expressão de poderes e saberes que se articulam estrategicamente na história da sociedade ocidental.

Trazendo a descrição foucaultiana para a análise pictórica, percebe-se essa expressão do corpo idoso no campo visual. O historiador da arte Ernst Hans Gombrich explica que nossa interpretação sobre o mundo está estruturada em linhas de força curvadas e moldadas por nossas necessidades biológicas e psicológicas, por mais camufladas que possam estar as influências culturais. Como exemplo, Gombrich cita a observação do rosto humano. Por instinto ou aprendizado precoce, estamos sempre inclinados a reagir a sensações de alegria ou de medo e suas variações, de modo a nos fazer compreendidos por quem nos rodeia. A capacidade de percepção sobre o rosto está embutida na construção social da qual não escapamos.

A representação por meio de elementos carregados de valores socialmente construídos é bastante explorada nas pinturas surrealistas do belga René Magritte (1898-1967). *Os amantes* [Figura 38], de 1928, passa a sensação de sufocamento de um casal se beijando em seus universos particulares, e ao mesmo tempo a ideia de anonimato necessário aos amantes, ou o desconhecido que reina entre os apaixonados. Por não serem revelados, podem ter vasta interpretação. Independentemente de qual leitura se adote, ainda que não se enxergue quem está por baixo dos capuzes, não se imagina que sejam idosos. O mesmo ocorre em *L'Idee* [Figura 39], de 1966, onde não se vê o rosto da pessoa, mas se supõe que seja um homem, devido ao terno, e que não seja velho, já que terno é vestimenta de quem trabalha. Isso porque, socialmente, não se constrói a imagem de idosos que se beijem e se amem ou que trabalhem.

Toda representação está sujeita a uma leitura que seja compartilhada. Isso é resultado do cruzamento do sistema da representação por semelhanças e da referência pelos signos. Para que se estabeleça tal relação, é preciso que haja afirmação de um laço representativo do sujeito. Basta que uma imagem se pareça com uma coisa familiar, para que seja inserido um enunciado evidente, mesmo que silencioso.

Ao analisar as obras que "traduzem" os aspectos do corpo velho, percebe-se a confluência de três aspectos: (a) elementos externos que ajudam a compor o entendimento sobre o corpo; (b) ações que esse corpo se permite praticar; (c) uso das cores. Nem todos os elementos surgem por igual em todas as representações, mas auxiliam a percepção dos significados que se deseja passar quanto à compreensão de um corpo velho.

A seguir, como isso se aplica em alguns exemplos pictóricos, mas que também se traduzem na representação audiovisual:

a. Elementos extracorporais – todos os objetos e vestimentas que são agrupados a aspectos físicos (barba ou cabelo branco, rugas etc.) ajudam a compor a ideia de velhice. Certos objetos se relacionam de tal forma com a identidade etária, que sobressaem às questões corpóreas. Em comum, várias imagens aqui já interpretadas [Figuras 1, 2, 3, 12, 13, 27, 28, 36 e 37], de épocas distintas, trazem representação do corpo junto a um mesmo elemento: a bengala. Os objetos que compõem as representações ajudam a codificar o fato social na formatação de comportamentos e significados para a identidade.

b. Ações do corpo – certas imagens reproduzem um padrão de atividades do corpo velho que induz a interpretação de degeneração (tais como pessoas encurvadas ou sentadas, o olhar melancólico, em posição contemplativa, entre outros).

Em várias imagens, de diferentes épocas, o aspecto físico se assemelha a modelos cadavéricos, o que ajuda a supor a finitude da existência, moribundos na finitude de suas vidas [Figuras 15, 16, 27, 28, 36 e 37]. Também é comum perceber que velhos são retratados preferencialmente na mesma posição, sentados ou deitados, sem sugestão de muito esforço para movimentos [Figuras 17, 29, 30, 31, 32, 36 e 37]. Um corpo degenerado é entendido como um corpo repleto de vícios.

Os tópicos de análise identificados em exemplos de diferentes correntes artísticas possibilitam compreender as nuances que se perpetuam na representação do corpo idoso. Ainda que não seja o nosso intuito uma comparação estilística entre diferentes matrizes culturais, cabe empregar a mesma análise a outros exemplos. Quando são empregados no audiovisual contemporâneo, ainda que haja uma vasta possibilidade de variações temáticas, esses "acordos" de representação também são facilmente encontrados. O uso de cores, a construção do posicionamento de corpos e os elementos extracorpóreos ajudam a dar significado simbólico aos idosos representados.

Essas construções do corpo velho traduzem o olhar sobre o outro, homogeneizando sua interpretação e afetando drasticamente sua experiência. Em A velhice, Simone de Beauvoir escreve que nem todo envelhecimento é igualmente difícil, rangente ou amargo, porque "velhice" não se refere a uma única experiência universal. A supressão de singularidades não permite a prática da individualidade do sujeito, mas seu agrupamento como parte de um conjunto, o que o força a ser classificado por igual entre os pares, mesmo que estes lhe sejam inúmeros em diversidade.

Assim como o corpo é o vetor semântico pelo qual a relação com a realidade é construída, o controle da gestão social desse corpo é determinante para a manutenção de um poder econômico e cultural associado. Nessa perspectiva, a virilidade é também uma forma, principalmente em instituições fragilizadas, de se proteger de injustiças diversas. A violência representa uma linguagem, e o corpo se apresenta como capital derradeiro para proteção e imposição de poder – que é majoritariamente masculinizado, conforme será detalhado a seguir, a respeito da interpretação de seus significados na velhice.

3. Aspecto físico e aspecto simbólico

Na lógica do corpo como produção estético-discursiva de conhecimento que interfere e modifica o meio, e não apenas mera matéria física, cabe defini-lo como construção sociocultural. Em específico o corpo masculino, a ser percebido a partir de uma perspectiva de gênero. Por estar inserida num meio de sociabilidade, a interpretação sobre corpos passa, além da ordem biológica, pela ordem performática da cultura que dá origem ao gênero. O que constitui o sujeito masculino é o seu desempenho influenciado pela masculinidade tradicional aceita pelos seus pares, sendo regulado por ideais de virilidade, poder e força compartilhados entre si.

Se por um lado a padronização cultural da sexualidade tende a reduzir o desejo a formas não permutáveis, no mesmo raciocínio, o teórico Sócrates Nolasco considera a masculinidade uma referência que oferece acesso ao mundo de privilégios, liberdade, conquistas e poder exercidos na esfera pública. O pesquisador Romeu Gomes complementa a definição do termo como um espaço simbólico que serve para estruturar a identidade, modelando atitudes, comportamentos e emoções.

Em princípio, a construção do corpo masculino atravessa duas camadas: a do aspecto físico e a do aspecto simbólico. O sujeito precisa dominar tecnicalidades corporais, agindo de acordo com o que é socialmente considerado legítimo e constitutivo da identidade masculina, para que alcance o "*status* de homem". Antes de focar a questão etária, trazemos a seguir aspectos da definição do corpo pertencente a uma categoria chamada "homem" – categoria imediatamente associada à heterossexualidade.

As questões de gênero são herdadas, de novo segundo Nolasco, do dispositivo criado pelas ciências humanas para que o sexo biológico se desarticulasse de seus significados dentro da cultura. Dessa forma, masculinidade e feminilidade designam homem e mulher independentemente da marca biológica.

A literatura feminista se apoderou com devido êxito da discussão sobre gênero desde a década de 1970, em parte como forma de visibilizar questões do próprio corpo antes renegadas em estudos sociais, dando-lhes *status* político na luta contra a estigmatização. O notório desequilíbrio de poder entre gêneros é resultado de séculos de construções pautadas na figura masculina e na impossibilidade de se regular essa disfunção tanto no âmbito familiar quanto na gerência do Estado. As dicotomias público/privado e familiar/sociedade atravessam a discussão sobre gênero e, por conseguinte, o debate sobre papéis etários. Ainda que as identidades sejam resultado de processos de produção simbólica e discursiva, a diferenciação por meio da qual são produzidas está longe de ser simétrica, e se perpetua até a velhice, visto que identidade é uma relação social. A oposição entre as identidades masculina e feminina pode ser explicada pela educação infantil, em diversas culturas, que marca padrões diferentes entre gêneros. Já nessa etapa da vida há estímulo para que meninos expressem virilidade pela rejeição a comportamentos tidos como femininos.

Tais padrões, para existirem, necessitam da compressão do corpo como meio de performance. O corpo deve ser entendido como local de inscrição e práticas de masculinidade, sendo gerenciado por normas que ditam as ações que informam a maioria dos homens, sempre de acordo com a prática regulatória da heterossexualidade compulsória. Assim, sobre o aspecto físico, o corpo que ocupa a categoria "homem" tende a ser comumente representado – entre a maioria dos brasileiros – por barba, pelos no corpo, mãos firmes, voz grossa, sobrancelhas arqueadas, braços grossos e músculos avantajados. Algo que sofre alterações significativas se comparado com outros países. O sociólogo Michel Kimmel nos diz que a identidade masculina surge a partir de várias produções culturais que, somadas em maior ou menor grau, definem expectativas quanto ao agir masculino. Sendo a visualidade a primeira possibilidade de troca de informações, estão sobre a pele as pistas iniciais para a classificação e identificação do corpo. Como exposto no primeiro capítulo, desde antes da Grécia Antiga, se busca conhecimento de recursos visuais para se referir a sinais corporais com os quais se evidenciam diferenciações.

Quanto a aspectos simbólicos, cabe a esse corpo estar à frente da ação, demonstrar poder, regular atividades, proteger e sustentar, ser ativo. Entretanto, o que seria uma masculinidade hegemônica tende a sofrer adaptações e variações, de acordo com os contextos nos quais ela se aplica. Marcel Mauss e Émile Durkheim chamam atenção para a relevância do poder social nas formas de classificação, que implicam uma ordem hierárquica da qual nem o mundo sensível, nem nossa consciência nos oferecem modelo.

O antropólogo Miguel Vale de Almeida, em *Masculinidade e poder*, demonstra que o modelo hegemônico baseado no homem exerce sobre todas as pessoas um efeito controlador. A masculinidade não é entidade imutável nem única encrustada no corpo ou na personalidade do indivíduo, mas um conjunto de normas práticas realizadas nas relações sociais, podendo ser reformuladas de acordo com as relações de gênero e os cenários sociais.

É importante reforçar que é no corpo que essas diferenciações se manifestam. Isso porque a definição inicial de gênero se dá com base na observação subjetiva do corpo, o que permite a legitimação da ordem social, ou seja, a base do essencialismo. Então, não havendo uma masculinidade universal, mas múltiplas masculinidades que operam num determinado contexto social, o corpo masculino é dotado de variações de simbolismos representativos dando significado a sua referência existencial. Trata-se de um corpo que tende a canalizar aspectos de uma hegemonia dominante, a fim de dar sustentação a um poder capaz de exercer controle. É nesse aspecto que a categoria masculina perpetua sua colocação, tendendo a modelos redutores que regem o ser homem e o ser mulher.

4. Homem, antônimo de velho

A condição social do homem é o produto direto da interpretação sobre seu próprio corpo. Submetem-se à primazia do biológico (mais ainda, de um imaginário biológico) suas diferenças sociais e culturais, naturalizando diferenças de condição. Se essa dominação é regida pelo poder simbólico de uma figura que congrega força, virilidade, energia e robustez, sua solidificação é posta em questionamento quando se chega à velhice. É aí que essa figura precisa ser ressignificada.

Nesse atravessamento, é pertinente discutir as representações do corpo masculino idoso na hierarquia social ocidental. Se os aspectos compartilhados do que é ser homem se somam a avaliações de capacidade, agilidade, destreza física e capacidade reprodutiva, o exercício da masculinidade não passa por colocar em prática, aos olhos de outrem, absolutamente todas essas possibilidades.

Nesse sentido, o que distingue e inter-relaciona a masculinidade como princípio simbólico e as várias masculinidades (no sentido de várias identidades de homens), para que se evitem banalizações generalizadas do conceito? A masculinidade, como um princípio simbólico, é praticada para a nítida identificação de um gênero sexual, o dos homens; *gays*, mulheres e idosos em geral são excluídos dessa prática de poder, já que não atendem a todos os requisitos preestabelecidos.

A partir dessa discussão sobre o corpo, pensemos as definições de masculinidade na condição do homem idoso. Para isso, escolhemos como temáticas os aspectos da virilidade, o espaço social, a improdutividade e a finitude.

4.1. Quanto à virilidade

Quando um jornalista perguntou ao então presidente dos Estados Unidos Lyndon Johnson (1908-1973) por que o país estava lutando na Guerra do Vietnã, ele abriu o zíper da calça e tirou seu pênis para fora. "É por isso", disse Johnson, balançando o membro, que ele notoriamente chamava de "jumbo". O então presidente Jair Bolsonaro, aos 67 anos, em discurso público pelos 200 anos da Independência do Brasil, em 7 de setembro de 2022, esbravejou repetidas vezes, ao lado da mulher, Michelle Bolsonaro, ser "imbroxável", como forma de enaltecer sua competência de comando político do país.

A associação do poder da masculinidade com a virilidade está tão entranhada no exercício público da política, que os exemplos são os mais variados. Lula, ainda na campanha presidencial de 2022, por diversas vezes repetiu: "Estou feliz porque, aos 76 anos de idade, me sinto jovem. Quando digo que tenho energia de 30 e tesão de 20, é porque me sinto assim, porque aos 76 anos ficar apaixonado e decidir casar outra vez é porque acredito que o Brasil tem jeito". É recorrendo a um "sentir-se jovem" e viril ("tesão de 20") que se coloca apto a governar. Três décadas antes, outro episódio envolvendo a figura presidencial com o mesmo referencial simbólico. Em 1992, Fernando Collor de Mello, antes de renunciar para escapar do *impeachment,* que o faria perder os direitos políticos, berrou a um grupo que pedia sua cassação: "Não nasci com medo de assombração, não tenho medo de cara feia. Isso o meu pai já me dizia desde pequeno, que havia nascido com aquilo roxo, e tenho mesmo, para enfrentar todos aqueles que querem conspirar contra o processo democrático". Em maio de 2023, o ex-presidente americano Donald Trump, outro colecionador de clichês machistas, ridicularizou o lançamento da pré-candidatura do governador da Flórida Ron DeSantis à Casa Branca, após uma série de problemas técnicos e fiasco de adesão de público nas redes. Em alusão à cor do partido no broche dos políticos, Trump insinuou a seguinte comparação: "O meu broche é maior, mais vermelho e funciona".

A virilidade é um dos códigos sociais mais relacionados ao corpo masculino. Alain Corbin, Jean-Jacques Courtine e Georges Vigarello analisam que a afirmação do homem passa por uma articulação de perfeição, que não deve ser questionada. A virilidade seria a parte máxima do homem, a que articula esse sujeito a seu posicionamento social, dando-lhe legitimidade para exercer sua dominação nos âmbitos particular e público. Na contraposição, o corpo feminino seria uma expressão imperfeita do masculino. O trio de historiadores embasa o argumento de que diferentes temporalidades foram capazes de lançar dúvidas sobre a compreensão de experiências em sociedade. O repertório corporal, tanto físico quanto simbólico, que publiciza a virilidade, se altera de acordo com as nuances de cada grupo.

Na Modernidade, a noção de virilidade é importante forma de diferenciação perante outros grupos de homens e de mulheres. Além do aspecto sexual, no sentido de fertilidade ou de capacidade de gerar herdeiros, a virilidade é compreendida como sinônimo para força física e seus desdobramentos (vigor, segurança, coragem, habilidades diversas, agilidade, gerenciamento e comando¹¹, autocontrole, virtuosidade). Mas, além disso, seria também forma de fomento do Estado.

Isso porque foi a partir da terceira década do século XIX que o Estado liberal e civilizador compreendeu que seu avanço dependia do estanque do alto índice de mortalidade infantil e das péssimas condições sanitárias do lar patriarcal, então corriqueiros no Brasil. Firmada na ideia de que se devia ter filhos sadios para a pátria independente recém-inaugurada, surge a necessidade da implantação de políticas higienistas nos centros urbanos e o estímulo a famílias numerosas. A melhora no poder reprodutivo passava por um adestramento de corpos em novos significados de saúde e educação. É como se a pátria, como Estado, assumisse, metaforicamente, a propriedade dos filhos, enquanto as famílias se reproduziriam num pragmatismo patriótico. Nesse sentido, libertinos (paternidade mal exercida), celibatários (paternidade negada) e homossexuais (paternidade não concebida) não auxiliariam a manutenção do Estado, assim como os idosos – pelas capacidades físicas de reprodução diminuídas.

O homem, na concepção de virilidade, se distancia da mulher em grau de importância, assim como isola grupos de outros homens que, aparentemente, não se encaixam na mesma "capacidade". Também quando se fala em força física, característica associada à presença de músculos, costuma-se incluir o pênis (que não é um músculo, mas corpo cavernoso extremamente irrigado por tecidos vasculares), cuja função varia entre os sistemas reprodutivo e urinário. Entretanto, a centralidade do pênis como "órgão" externo e, assim, visualmente diferenciador de corpos associa, de imediato, a figura masculina ao desempenho sexual.

A maioria dos atos é justificada por esse propósito, incluindo atitudes juvenis, já estimuladas por demonstração pública de virilidade: "a importância dada à conquista violenta, a identificação do feminino a um objeto de 'caça', um código de

---

11 Diferentes autores já identificaram a relação cultural entre liderança e masculinidade, como Kellerman (1984), French e Raven (1984) e Eagly e Carli (2004) – isso porque a maioria dos líderes políticos é formada por homens.

honra fundado na 'influência' e seu reconhecimento jocoso"[12]. A virilidade é desde já compreendida como uma performance em versões plurais, onde se acentuam força física e dominação.

A redução do corpo masculino à percepção do pênis ainda é bastante recorrente na contemporaneidade. A única preocupação de saúde para esse corpo foi, por muito tempo, associada à discussão da impotência. É um corpo que precisa manter aspectos da virilidade visíveis, representados pela capacidade de penetração, satisfação sexual e procriação. Treinado para exercer exacerbadamente a sexualidade, esse homem não sabe lidar com a queda de libido, por se situar numa postura de autoconfiança que despreza o autocuidado. Nesse cenário, a comercialização e a popularização do Viagra, a partir de 1997, foram consideradas uma revolução médica na saúde masculina, no âmbito do prazer sexual e resgate da autoestima do homem. Remédios que combatem a impotência sexual dominaram desde então o debate sobre o envelhecimento do corpo masculino, como se isso resolvesse em definitivo os mais agudos dilemas trazidos pelo avançar da idade.

Mas a aparente resolução da impotência não resgata o posicionamento de centralidade ao corpo masculino na velhice. Isso porque a virilidade comporta não apenas um, mas vários somatórios de significados. O culto contemporâneo ao corpo jovem, magro e atlético subentende uma valorização da força física e da capacidade ágil de tomada de decisões, aliada a um melhor gerenciamento de negócios. Faz-se da velhice, assim, um estágio corpóreo a ser combatido, excludente das relações sociais. O corpo idoso masculino é subtraído em sua posição anteriormente ocupada, agora entendido como perigoso e em estágio de atenção. Em decorrência disso, se torna objeto da medicalização (e cuidado), através da interpelação do Estado. É um corpo que deve ser vigiado, por imaginá-lo desprotegido e inútil; além de ser assistido com proventos, por defini-lo desprovido de capacidades individuais para o próprio sustento.

---

12 CORBIN *et al.*, 2013, p. 15.

Toda sociedade patriarcal é baseada no falocratismo, o falo no centro da ideia de poder. O vernáculo "falo", do latim *phallus* e correspondente ao grego φαλλός, se relaciona à ideia de pênis. Esse conceito é tão antigo que já na Pré-História há registros que o associam à concepção de poder. Citamos como exemplos ilustrativos os "falos do capitalismo", o poder do dinheiro, torres eretas fincadas em Manhattan, em Nova York, ou em outros centros financeiros de grandes potências; assim como as catedrais góticas, construídas por uma religião centrada na figura masculina (Deus como figura de homem e branco, tal como Antônio Fagundes em *Deus é brasileiro*, filme de Cacá Diegues, de 2003), são apontadas para cima, como numa tentativa de alcançar o céu; ou ainda as espadas dos samurais ou a espingarda do caubói estadunidense, todos símbolos fálicos.

A ideia de falo simbólico elaborada por Jacques Lacan no início do século passado, em *A significação do falo*, representa, além da capacidade biológica de reprodução, um símbolo da importância do homem acima da mulher (castrada). Se a velhice feminina é caracterizada a partir da queda hormonal que impossibilita a gravidez – "produtividade" socialmente conferida à mulher –, a velhice masculina é tardiamente definida, quando sua potência sexual já não corresponde à ideia de virilidade. Isso porque cabe ao homem ser "dominador, terrível e belo", na tentativa de se impor diante de seus inimigos.

Essa velhice é marcada pela perda da altivez e enfraquecimento do sentido de falocentrismo. O falo é algo "imaginário que deve ser continuamente reafirmado. Cabe ao agente feminino confirmar a existência do falo no agente masculino. [...] Ao encontro desse esquema explicativo, vale lembrar a frase de Rudolf Bell em sua pesquisa com culturas mediterrâneas no sul da Itália: 'Apenas a gravidez da esposa pode sustentar a masculinidade de seu marido'"[13].

Este é um contraponto aos filósofos Gilles Deleuze e Félix Guattari, que denunciam o falocentrismo na obra *O Anti-Édipo*:

---

13 OLIVEIRA, 2004, pp. 243-244.

capitalismo e esquizofrenia, justamente pelo fato de que apenas quando se elege o masculino como centro (e a mulher como ausência) se conceberia a ideia de um único sexo primordial. Para eles, importa antes descobrir se o inconsciente acredita nisso. O conceito de falo, como símbolo do poder masculino, é importante ponto da teoria psicanalítica de Sigmund Freud. Antes de Lacan, Freud já havia escrito em *Análise terminável e interminável*, de 1937, que o falo é causa da inveja feminina e medo da castração masculina (os conceitos de pênis e falo se confundem na teoria freudiana, muitas vezes são usados como sinônimos). A construção social dessa masculinidade viril se dá por todo tipo de comportamento possível de ser incorporado para camuflar sua carência: a postura robusta, o engrossamento da voz, os músculos aparentes, entre outros, corroboram para a construção do falo, na ordem simbólica. A identidade masculina é exposta em aspectos como força, coragem, autoridade etc. Culturalmente, ser homem é mostrar superioridade a tudo que é associado ao universo feminino.

Sem nos prolongarmos na discussão lacaniana do falocentrismo, é importante também reforçar que a sexualidade masculina está orientada pela ideia de penetração, culminando com a ejaculação. Isso implica, na velhice, no possível desmonte dessa significação; o que remete a definições calcadas em Aristóteles, quem primeiro identificou o corpo masculino como fundamento da definição de humano, sendo a fêmea um erro ontológico, "um macho mutilado" – e que Freud se aprofunda para criar o conceito do complexo de castração.

Como parte do processo de construção cultural da subjetividade masculina que materializa a sexualidade e o poder dos genitais, o homem já na tenra idade empresta particular atenção ao formato e tamanho de seu pênis. A valorização do masculino se dá desde a puberdade, quando a descoberta sexual é imperativo para o homem exercer sua função dominante. Simone de Beauvoir diz que ele "reivindica suas tendências eróticas, porque assume alegremente sua virilidade; nele o desejo sexual é agressivo, preênsil; ele vê nesse desejo uma afirmação de sua subjetividade e de sua transcendência"[14]. Com a perda da libido e mais propensão à disfunção erétil, a sexualidade masculina sofre duplo golpe na velhice: por uma questão biológica e por uma questão cultural. Já não se pode exercer nem representar a masculinidade sexualizada com os mesmos signos.

O tabu da impotência masculina remete à pintura *A persistência da memória*, do espanhol Salvador Dalí (1904-1989), na qual aparentemente se deslocam relógios para cenários insólitos. Com base em teorias psicanalíticas, há quem interprete o derretimento dos objetos como representação da impotência sexual.

Por meio da materialidade do objeto, agora flácido, Dalí teria feito uma metáfora entre sexualidade masculina e tempo. O pensamento dominantemente vigente pressupõe que características biológicas do homem permitem que sua posição, no geral, seja aquela que lhe seria justamente devida. A solidificação dessa mesma figura é posta em questionamento, principalmente quando a sexualidade é diretamente atingida – ou "derretida", como pinta Dalí. Na velhice, ela então precisará ser ressignificada.

A organização e agrupamento de ideias não são imóveis, mas precisam estar alinhados para que sejam produzidos conhecimento e poder. Ao ter deslocamento de significados, a figura masculina idosa perde funções, mas imediatamente é substituída por outra – a figura masculina jovem. O modelo se constitui, portanto, na substituição ininterrupta do que já não tem sentido viril. Paradoxalmente, o homem que descarta os demais hoje é o mesmo que, à frente, será substituído; ainda que o poder permaneça centrado em igual gênero.

Reforça-se, porém, que o homem idoso traz consigo elementos que o constituíram "homem" ao longo de sua existência, ele não perde o papel que lhe foi atribuído e incorporado socialmente. O que afirmamos, em consonância com autores que se aprofundaram no tema, é que sua masculinidade não carrega os mesmos ideais de quando jovem, portanto, o envelhecimento lhe imputa manter posição firmada em frágil sustentação. A velhice provoca

---

14 BEAUVOIR, 1967, pp. 68-69.

revisionismo da masculinidade, mas não um apagamento. Tomemos como exemplo o conflito de relações afetivas em grandes diferenças etárias. Não é costume o homem idoso receber críticas por namorar uma mulher bem mais jovem, por vezes apontada como "interesseira" ou "aproveitadora". A esse homem dificilmente é dada a dúvida de sua seriedade com o relacionamento. O contrário se repete: numa relação de um jovem com uma mulher bem mais velha, não é costume cair sobre ele qualquer má intenção, mas a ideia de que procura uma companheira que lhe dê estabilidade emocional e transmita confiança.

Ainda na discussão sobre virilidade, há autores que apontam a transgressão de convenções de gênero como uma possível alternativa a esse indivíduo ressignificado na velhice, para lhe assegurar uma qualidade de vida. No caso masculino, isso passaria pela "desgenitalização da sexualidade" (termo que Carlos Eduardo Henning e Guita Debert utilizam para definir a importância de os homens idosos explorarem outras áreas de prazer em seus corpos, descentralizando a ideia de um sexo penetrativo por genital). Tal visão contraria o apelo mercadológico que a indústria farmacêutica dá a métodos terapêuticos de combate à disfunção sexual em decorrência do avanço da idade, os quais centram a atuação na manutenção da penetração.

Fala-se em transgressão justamente porque seria essa uma forma de romper a resistência contra a velhice incapacitante associada à sexualidade. É, pois, contramão à tentativa de continuidade dos valores da masculinidade falocêntrica. Ainda assim, tal alternativa não parece solucionar todos os problemas, já que a representação da velhice não vem de dentro para fora, do indivíduo para a sociedade. A "desgenitalização" pode alterar circunstancialmente a experiência individual da velhice, mas ela continuará dotada de significados externos compartilhados entre si. Isso porque a estrutura social se mantém assegurada em características falocêntricas e jovens. Além do olhar sobre o feminino, qualquer alteração do poder simbólico passa, portanto, por uma necessária reestruturação da valorização ao que é "jovem" como antagônico ao que é "velho".

Também é plausível mencionar que, ao questionarem os papéis sociais, no cerne da discussão sobre violência de gênero, as narrativas feministas e LGBTQIAPN+ colaboram com o tensionamento da masculinidade, pois dependem de alterações fundamentais na estrutura do capitalismo. Atividades antes consideradas exclusivamente femininas são dispostas ao masculino, deslocando rígidas fronteiras de definições de gênero acobertadas em termos como "novo homem", "homem moderno" etc. Ainda assim, mudanças comportamentais não parecem suficientes para provocar alterações em estruturas de poder, mas ajudam a aquietar momentaneamente novas tensões. Ou seja, a pós-modernidade até seria capaz de proporcionar certa instabilidade nos valores nacionais que sustentam o discurso da masculinidade, mas não os coloca no chão a ponto de abrir espaço para outras ocupações.

4.2. Quanto ao espaço de ocupação (Modelo de degraus)

Uma das lembranças recorrentes de infância deste autor é a das idas constantes à casa de seus avós, no subúrbio carioca. O quintal amplo, margeado por um jardim de roseiras e goiabeiras, terminava, nos fundos, num robusto abacateiro que fazia sombra ao que se acostumou chamar de "quartinho do vovô". Era lá que o avô passava horas de seu dia consertando bugigangas, desmontando aparelhos eletrônicos ou organizando peças já inúteis que talvez servissem, em algum momento, como reposição de outras tantas. Naquele pequeno e curioso ambiente à parte da casa, crianças só entravam acompanhadas, já que havia material de solda, produtos químicos, garrafas, poeira, enfim, perigos diversos.

Há quem chame esse canto externo da residência de oficina, casa do vinil, escritório, ferro-velho, fábrica, ateliê, marcenaria, laboratório etc. Em todos há um significado de "trabalho". Para surpresa deste autor, amigos também relatam a experiência de ter avós ou mesmo pais que mantinham (ou mantêm) um cômodo à parte de suas casas, porém no mesmo quintal, como local de permanência na maior parte do dia. Ou seja, ainda hoje, mesmo em grandes centros urbanos, é comum, principalmente em casas com quintal ou algum tipo de área externa, haver um "quartinho" ou "depósito" em que os homens mais velhos costumam passar parte do seu dia entretidos, como em uma oficina, tal como em um escritório.

Esses cômodos, mais do que locais para guardar quinquilharias fora de casa, servem de refúgio à figura do homem, agora idoso, que se obriga a ter um espaço seu, de comando, ainda que nas limitações físicas do ambiente doméstico. Como aposentado, e por isso mais frequentemente inserido nos afazeres do lar, é no cômodo externo que ele se refugiaria, mantendo algum tipo de controle espacial, quando já não tem emprego ou rotina externa.

O breve relato de cunho pessoal serve à finalidade de ilustrar como a classificação do corpo obedece a uma organização social – o que estabelece diálogo imediato com Michel Foucault, para quem as dimensões externas permitem visibilidade e, a partir disso, luta política. O ser idoso deixa de participar de forma ativa das decisões de seu grupo e, consequentemente, é eliminado do espaço antes ocupado. Há no exercício da masculinidade uma ausência de admissão dessa perda territorial. Se a referência é um corpo "invisível", no caso o corpo idoso, também está diretamente mergulhado num campo político. O pensamento foucaultiano diz que as relações de poder têm alcance imediato sobre ele, porque o marcam, o dirigem, o supliciam, sujeitam-no a trabalhos, obrigam-no a cerimônias o tempo todo.

Parece-nos necessário compreender, neste ponto, como a hierarquia social brasileira é dominada pela valorização da masculinidade. No modelo proposto a seguir, foram agrupadas categorias em níveis de privilégios, do mais elevado ao de menor valorização. Numa sociedade desigualitária, a renda *per capita* interfere nessa estrutura, alterando significativamente o acesso a bens e serviços. Por isso, foi descartado o poder econômico como elemento de organização, baseando-se apenas em cor da pele, gênero e faixa etária.

Gráfico - Modelo de degraus

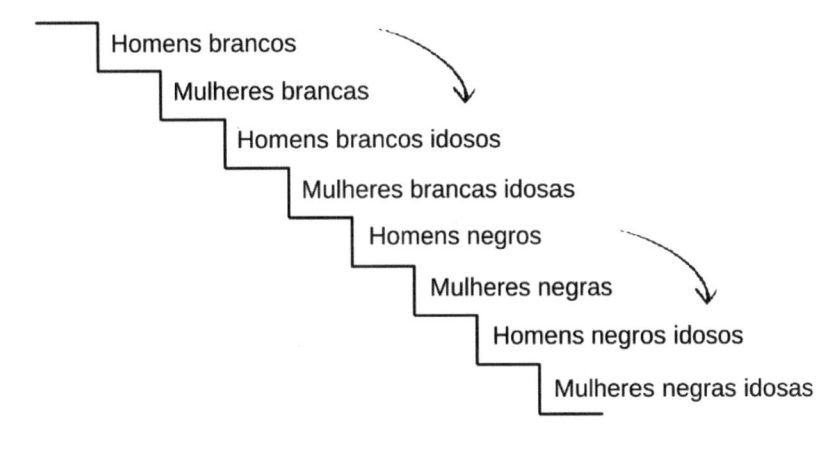

- Homens brancos
- Mulheres brancas
- Homens brancos idosos
- Mulheres brancas idosas
- Homens negros
- Mulheres negras
- Homens negros idosos
- Mulheres negras idosas

Fonte: Análise do próprio autor

A categoria "velhice", que aparentemente homogeneizaria os grupos, apresenta subdivisões de diversos recortes, o que os segrega em outros degraus de discrepâncias. O homem branco jovem, que sempre esteve no topo dessa hierarquia de comando e privilégios, se vê na velhice degraus abaixo, perdendo lugar para gêneros mais jovens. O homem negro jovem, numa situação intermediária inferior, mas já abaixo do homem branco idoso, agora é realocado na velhice para as últimas posições. Por representar um sistema de organização que prioriza a masculinidade, as mulheres tendem a estar em degraus posteriores aos homens. Nesta proposta de leitura, o que se pretende evidenciar é que o fator etário provoca descendimento quando é definido para idosos/as.

De acordo com esse modelo, nota-se como a dominação masculina, mesmo em subgrupos, se mantém distribuída nos níveis hierárquicos à frente da mulher. Não obstante, é importante frisar que toda identidade baseada em "raça", gênero, sexualidade ou mesmo incapacidade física, por exemplo, atravessa o pertencimento de classe. Ao pensar uma organização social fundindo somente cor, gênero e idade, se reconhece que outros recortes seriam capazes de alterar sua estrutura, já que não é suficiente argumentar que as identidades podem ser deduzidas da posição de classe ou que as formas pelas quais elas são representadas têm pouco impacto sobre sua definição, conforme defendem Stuart Hall e Kathryn Woodward em seus estudos sobre representação.

O "modelo de degraus" serve para justificar por que as representações existem como função social. Elas são úteis para hierarquização em graus de valorização, do mais importante ao menos importante, do mais útil ou mais produtivo ao menos valorizado, e assim por diante. As representações são homogeneizadas em organização de conceitos compartilhados, ajudando a arquitetar classificações que possibilitem dotar graus de diferenciação para as relações sociais.

Mas se a dominação masculina garante a manutenção de uma estrutura de poder a um grupo social, como proposto no "modelo de degraus", por que a velhice o empurra para estratos inferiores, em vez de se perpetuar nos degraus superiores? Como resposta, apresentamos dois motivos: (i) a ideia de descarte pela lógica da produtividade no sistema capitalista, já exposto no primeiro capítulo; e (ii) a fragilidade do poder simbólico da masculinidade, em particular na velhice, devido à disputa geracional.

Sendo a sociabilidade aspecto fundamental nas relações de poder, quem exerce o comando também ocupa um lugar bastante definido. Após a infância e a adolescência, a proteção familiar do sujeito dinamita sua passividade, permitindo-lhe constituir sua própria organização dentro de um espaço-tempo no qual lhe cabe exercer seu domínio a partir de um trabalho laboral. Nas últimas décadas, percebe-se que a mulher também alcançou a possibilidade de conquista do mercado de trabalho, indo além da esfera domiciliar. Mas essa expansão ainda não lhe deu uma igualitária divisão de espaços. Mantendo a mulher sua dupla jornada de casa/trabalho e tripla responsabilidade de cuidados entre casa/marido/filhos, ainda cabe ao homem a estranheza do espaço familiar quando, mais velho, passa a ocupá-lo. Uma realidade que vem se alterando aos poucos.

Quanto mais poder, mais masculinidade; quanto menos poder, mais feminilização. O poder conferido à masculinidade tem forte relação etária, pois, além da virilidade, se relaciona com a capacidade de proventos para a família. É um poder que se corrói, mais comumente, na velhice. Sendo a associação provedor/homem ainda muito presente no imaginário social[15], mesmo diante de avanços recentes por parte das lutas feministas, na velhice o conceito dessa masculinidade é revisto, já que não abarca a mesma definição de lugar antes ocupado.

A alteração de lugar está relacionada diretamente com a compreensão sobre o processo de envelhecimento. Com o avanço da idade, o corpo idoso masculino agrega outras compreensões, já não sendo um corpo produtivo em força, nem um corpo que responde à virilidade como parte das exigências da violência simbólica exercida sobre ele. Essa nova leitura social do corpo masculino faz dele um "produto" menor, visto que a desvalorização simbólica ocorre por demanda do poder; daí ele desce algum "degrau". Ainda assim, pode-se até relativizar a perspectiva contemporânea que aborda a crise da masculinidade e suas consequências práticas, mas não ignorar o lugar que esse indivíduo masculino historicamente ocupa, pois, é sempre válido lembrar, antes de ser vítima, o homem é beneficiário do sistema de gênero vigente.

Também Corbin, Courtine e Vigarello demonstram como a construção de um ideal masculino associado ao guerreiro e ao político, já na Grécia Antiga, reforçava valores de uma masculinidade para dominar o espaço público. Ao se esforçarem para construir uma identidade masculina dominante, as sociedades gregas prezavam que somente o homem tivesse acesso ao lugar político. A primazia do político sobre qualquer outra atividade, tanto em Esparta quanto em Atenas, deu ao homem poder sem equivalente na sociedade: mulheres, crianças, anciões, além de estrangeiros e escravos não podem estar senão ao serviço do único grupo dominante: os homens adultos. A sociedade "se organiza ao redor do varão adulto, prestando atenção especial aos garotos que, por sua vez, um dia vão compor a comunidade de homens".

---

15 Zuleica Oliveira (2005) comprovou em amostra de 2 mil indivíduos (maiores de 18 anos em 24 estados brasileiros) haver forte relação da função de provedor à figura masculina, a ponto da coparticipação da mulher na provisão familiar ter invisibilidade social.

Entretanto, o cumprir constante das exigências da masculinidade é tarefa impossível de se manter por toda a vida. Ainda assim, nessa relação está assegurada a gerência da histórica dominação simbólica do masculino sobre o feminino, independentemente da questão etária. Como pontua Bourdieu, cabe à divisão social do trabalho a manutenção do lugar, do momento dos instrumentos a cada um dos dois sexos.

Para ilustrar o contraste da representação de posições de figuras idosas em exemplos pictóricos, pensemos nas obras *Retrato de um professor [Cabeça de velho]* (1912-1913) e *A mulher de cabelos verdes* (1915-1916), ambas de Anita Malfatti; e *Criação de vovó* (1895), de Oscar Pereira da Silva.

No primeiro quadro, como o título sugere, surge um professor austero e bem-vestido. No segundo, uma mulher sentada de cabelos verdes. O escritor Oswald de Andrade (1890-1954) assim escreveu sobre a segunda obra: "Se Anita Malfatti vê uns cabelos brancos e neles sente o verde frustrado das esperanças partidas, respeite sua comoção, a sua fantasia e será grande como foi pintado esse quadro forte". Seria uma romantização do processo de envelhecimento feminino, ligado à estética, na qual mostra que cabelos grisalhos pintados são símbolo de força para a idade, escondendo a marca do tempo. Na terceira obra citada, *Criação de vovó*, Oscar Pereira da Silva ilustra a função afetiva e doméstica atribuída às idosas: cuidar dos netos. Homens tendem a ostentar cabelos grisalhos, enquanto mulheres precisam escondê-los sob tinturas. Salvo exceções, a figura de um homem mais velho pode ser facilmente reconhecida como a de um professor ou médico, alguém que carrega consigo ensinamentos de uma vida; já a da mulher é mais vezes associada a funções como a de dona de casa, avó, do lar etc.

A identidade masculina na velhice permanece uma construção subjetivada em signos de honra, prestígio e dominação, que se afirma por meio das vivências intersubjetivas compartilhadas ao longo da vida. Mas um homem idoso, ao ser comparado com um homem jovem, tende a ser desqualificado, primeiramente, no seu caráter produtivo. Seja pelo aspecto sexual, na impotência de se produzir herdeiros, o que se liga à virilidade, seja no aspecto econômico, de produção para garantir sustento e proteção no eixo familiar, o que se liga à independência.

É perceptível que as mudanças sociais das últimas décadas fizeram com que a mulher ocupasse outras frentes, ainda que essas conquistas não lhe tenham sido organizadas em equiparação salarial e reconhecimento de dupla jornada de trabalho (contabilizando o do lar). Tanto que estudos sobre masculinidade têm sido revistos[16] desde que esses fenômenos passaram a interferir nas novas relações. O programa de transferência de renda do governo federal "Bolsa Família", renomeado de "Auxílio Brasil" na gestão bolsonarista, é um exemplo que merece ser mencionado. Ao priorizar as mulheres como responsáveis pelo recebimento do benefício, houve mudanças nas relações de gênero – tema transversal nas políticas públicas e programas sociais. Se há uma crítica que aponta o reforço da naturalização do papel feminino, também se amplia sua autonomia e a inclui na participação de tomada de decisões, na medida em que permite à mulher a inserção no provimento financeiro da família, tarefa tradicionalmente masculina.

Porém, mesmo com significativas alterações, se mantém forte o pensamento de que cabe ao homem apenas "ajudar" no trabalho do lar. Por isso, "enfrentar" a aposentadoria, o ambiente doméstico e a queda da virilidade faz da velhice masculina um conjunto de práticas exóticas a serem enfrentadas por um grupo acostumado a liderar. O deslocamento do ambiente social para o familiar do homem idoso promove oportunidade de cessar o controle da afetividade, passando maior convivência com parentes, em casos de famílias numerosas, algo antes corriqueiramente destinado a mulheres – uma importante mudança de posição nas relações mais íntimas.

---

16 Sócrates Nolasco reviu estudos sobre o papel da paternidade descritos em *O mito da masculinidade* (1993), após percepções das alterações significativas dos anos 1980 para 2000, quando o homem passa a alargar sua participação na educação dos filhos, antes destinada fundamentalmente à função da mulher.

4.3. Quanto à (im)produtividade

As relações de trabalho se alteraram profundamente ao longo do século XIX, com o advento da Revolução Industrial e o triunfo de valores da virilidade relacionados à força física. Nessa reorganização de sociedades, um novo elemento é somado à construção do ideal viril. Após a instalação do modo de produção industrial, uma instituição em particular sofre o mais significativo revés: a família. Como passam a ser obrigados a trabalhar todos os dias fora de casa, os pais se tornam menos presentes na vida de seus filhos. Esse fenômeno diz respeito ao homem como provedor, algo que é exponenciado na Modernidade.

Se até o século XVIII homens e mulheres trabalhavam juntos no campo ou em pequenos comércios, muitas vezes auxiliados por seus filhos, a ruptura dessa organização de cooperação, ainda que também hierarquizada, culmina no afastamento do homem do ambiente doméstico. O regresso permanente a esse ambiente se dá apenas na velhice, quando ele já não é útil nos afazeres industriais e urbanos. Masculino/feminino, assim como jovem/idoso, tensionam a manutenção de poder. É sobre as expectativas de uma reaproximação que age a compreensão do envelhecimento.

O corpo masculino circula e domina o espaço social mais amplo, o âmbito público. Daí vêm sua autoridade e força. Há teorias feministas que desarticulam esse pensamento, colocando no privado força hierárquica igualmente importante para a organização social, e essa importância não se discute.

Entretanto, é igualmente necessário pensar que se evidenciam, já nos processos de urbanização do século XIX, relações de poder público interferindo nas relações de poder privado. Se ao comando privado compete a administração do orçamento do lar, por exemplo, esta é evidentemente afetada por uma série de decisões de macroeconomia onde, até pouco tempo, ao corpo feminino era negada a participação. E à mulher é dado o âmbito privado não por escolha própria, mas por decisão também do homem.

Na contemporaneidade, o sujeito homem vai progressivamente, já desde a infância, sendo informado de que é parte de um prestigioso grupo de execução de atividades e ações, em detrimento dos que são diferentes dele. No clássico *A origem da família, da propriedade privada e do Estado*, original de 1884, Friedrich Engels lembra que a primeira divisão de trabalho surgiu da separação de gêneros, a que se fez entre o homem e a mulher para a procriação dos filhos. Ocorreu na Grécia Antiga, quando os gregos adotaram a monogamia, cujos objetivos eram a preponderância do homem na família e a procriação de filhos que só pudessem ser seus para herdar dele. A autoridade da mulher se ateve ao ambiente da casa. "É verdade que lhe competiam todos os afazeres domésticos, para os quais ela contava apenas com a ajuda dos velhos e das crianças, enquanto os homens em idade viril caçavam, bebiam ou não faziam nada."[17]

Ao reconstituir o olhar de dominação e valorização do masculino, o sociólogo Josep-Vicent Marqués defende que o patriarcado puro só seria possível com a prática da homossexualidade: "Se apenas os homens são ou podem ser importantes, apenas o relacionamento com seus pares é importante"[18]. Ou seja, a importância só seria alcançada por meio do relacionamento com pessoas igualmente importantes, logo relações entre homens. Como é parte necessária que haja transferência de propriedade entre herdeiros sanguíneos, sistema firmado na Grécia Antiga, a homossexualidade é combatida no patriarcado pela impossibilidade de procriação. Desse modo, a mulher assume lugar bem definido, o de gerar herdeiros. Sua vitalidade é medida de acordo com essa capacidade. No momento em que já não pode gestar, é tida como envelhecida, enquanto que o homem, garantindo sua potência sexual, se mantém produtivo por mais tempo.

A partir da obra de Gilberto Freyre, Albuquerque Júnior trabalha o conceito de patriarcado no discurso do Nordeste brasileiro, à luz das mudanças sociais do final do século XIX aos anos 1940. O autor cita a quebra de hierarquias sociais consolidadas, a ascensão da República, a desvirilização da culinária, a desvalorização das

---

17 ENGELS, 2019, pp. 49-50.
18 MARQUÉS, 1997, p. 27.

manifestações de cultura popular e a urbanização das cidades como elementos que reforçavam significados de gênero no que seria o processo de feminização da sociedade. Se para Freyre essas transformações levaram ao declínio da sociedade patriarcal, a noção de patriarcalismo precisa ser lida como metáfora que descreve o choque do tradicional com a modernidade.

Ciente de que patriarcalismo é abrangente demais para dar conta da totalidade de relações sociais, várias outras teorias sobre o termo adaptadas à realidade brasileira já foram desenvolvidas, visando à interpretação de relações de poder além do alcance do Estado.

Contrário ao argumento de que a principal instituição social seria a família, defendido por Freyre, para o sociólogo Raymundo Faoro patriarcado é compreendido na gestão do Estado patrimonialista, cujo modelo de organização política é o da dominação do público sobre o privado. Assim, caberia ao homem gerenciar o que é público, controlando inclusive recursos destinados a melhorias sociais. Essa teoria é ratificada pelo pensamento de Bourdieu, por definir que o Estado regula o patriarcado privado com o patriarcado público. Em casos de governos paternalistas, por exemplo, que reproduzem o modelo de família patriarcal, a ordem social é equiparada à ordem moral. Em suas palavras, ela é fundamentada na preeminência absoluta dos homens em relação às mulheres, dos adultos sobre crianças e na identificação da moralidade com a força, da coragem com o domínio do corpo, lugar de tentações e de desejos. Acrescenta-se a preeminência de jovens sobre idosos.

Além das necessárias contribuições de pesquisadoras de gênero que associam o termo "patriarcado" à ideia de opressão masculina, levanta-se atenção para contradições que esse regime impõe também aos homens. Se por um lado permite a perpetuação da dominação do homem sobre a mulher, tanto na esfera pública quanto na privada, por outro lado inibe esses mesmos homens de desempenharem outras funções além das que performem poder e virilidade. Entre as implicações de um modelo de masculinidade, listam-se como consequências: o abalo da saúde mental do indivíduo; a falta de cuidado com a saúde física, visto que o preconceito afasta o autocuidado; a cultura da violência gerencia o ódio ao que lhe é diferente, justificando práticas como feminicídio, homofobia e transfobia; valores que relacionam jovialidade a produtividade não comportam a velhice como etapa saudável da vida humana etc.

Basta lembrar que, de acordo com dados do Ministério da Saúde e da Sociedade Brasileira de Urologia, as amputações de pênis no Brasil cresceram 1.604% em 14 anos. Dados de 2022 revelam que foram realizados 7.213 procedimentos naquele ano, dando uma média de 515 por ano. A falta de higiene é apontada como principal motivo de infecções generalizadas. O mesmo risco decorre dos altos números de infartos, entre outras doenças. É a reflexão das reconfigurações da subjetividade que permite alteração nesses comportamentos. A prevenção de certas doenças se relaciona a estilos de vida e, portanto, ao gerenciamento do corpo. Além da saúde física, pensar a saúde mental é da ordem do contraste com o masculino. A supressão de sentimentos é uma marca sempre presente na construção da masculinidade. Já na Grécia Antiga, chorar era tido como ato de fraqueza associado a mulheres. Desse modo, era recomendado aos homens em estado de luto que se enrolassem com vestes femininas, numa clara demonstração visual de que as "marcas de dor e tristeza" só poderiam ser associadas às mulheres.

Quanto aos aspectos da dominação masculina, refere-se a dilemas que fazem o indivíduo, na velhice, descer degraus de privilégios numa escala social. Mas, como exposto no gráfico "Modelo de degraus", mesmo entre indivíduos do gênero masculino, não se pode falar de homogeneidade na gerência da sociedade, ou de um só grupo que ocupe degraus secundários quando já idosos. Por isso, mais uma vez, frisa-se o risco da pasteurização de realidades diferenciadas.

Mais uma vez, não cabe a leitura de uma vitimização do homem no processo de socialização que prescreve atitudes e comportamentos restritivos. Interessa-nos mais discutir como os valores da masculinidade são revistos na velhice. Sendo o patriarcalismo uma estrutura assentada sob todas as sociedades contemporâneas, cabe pensar a fraqueza de ideários simbólicos que não comportam o envelhecimento.

Pelo caráter biológico, esse processo é carregado por alterações nos aspectos motores, funcionais e psicológicos; entretanto há ainda o caráter psicossocial, que impregna sentidos antagônicos à velhice. Por um lado, o corpo idoso pode ser valorizado como símbolo da sabedoria, responsável pela manutenção da memória de seu grupo social; por outro, é entendido como improdutivo, dependente, peso orçamentário. É esta última a compreensão que se faz quando se discute, por exemplo, reforma da previdência – o idoso como dependente do Estado e da "sociedade".

O idoso na categoria de aposentado surge mais comumente no período pós-Revolução Russa, de 1917, com o advento do estado de bem-estar social europeu para fazer frente às ideias socialistas. O Estado como provedor de sustento para o cidadão idoso tem relação direta com a produção que este teve ao longo da vida. Isso porque desde a primeira máquina a vapor, o trabalho passou a ditar o ritmo na vida das pessoas, fazendo com que ela fosse "revolucionada" sem qualquer homogeneidade. Pelo contrário, as diferenças foram acentuadas.

As transformações ocasionadas pelas várias revoluções industriais provocaram rupturas de tradições e a inclusão de novos hábitos na vida cotidiana. Entre as mais recentes, temos a diminuição das ofertas de trabalho na indústria com o avanço da automação e robótica, o declínio das perspectivas de carreira e estabilidade no setor privado, a chamada "uberização" do trabalho como sinônimo para precarização das normas trabalhistas, a diversificação dos arranjos familiares e a pressão econômica diante de sistemas públicos de saúde e previdência social, a complexidade em assegurar a aposentadoria de uma população idosa cada vez mais numerosa etc.

A aposentadoria marca o afastamento definitivo da tomada de decisões, da figura de provedor do sustento familiar através da própria atividade exercida em sociedade para, repentinamente, a figura de uma pessoa assegurada por um valor que, em sua maioria, não respalda seus gastos anteriores. Na perspectiva marxista, vindoura com a luta das classes populares, o corpo é instrumento de trabalho e, portanto, forma de gerar lucro. Logo, a valorização da força precisa conferir ao trabalhador "uma maior tolerância à dor". David Le Breton, em *A sociologia do corpo*, explica que eles "não admitem, sobretudo, sentirem-se doentes. Não ter sido afastado por doença foi, durante muito tempo, motivo de orgulho e valor respeitado por inúmeros operários fabris.

Como a velhice masculina não é delimitada por uma mudança biológica precisa, sem a menopausa como rito de passagem, a questão reprodutora não se aplica ao homem idoso, que continua aparentemente capaz de reproduzir. Em contraponto, é a perda de um conjunto de características físicas que provoca o desnivelamento desse homem, agora instruído a se recolocar na invisibilidade, devido a uma improdutividade que se antagoniza com os preceitos do mundo capitalista. Perde a função de comando e voz, passando a agregar características de subvalorização. A estrutura de poder é aparentemente mantida pelo capital simbólico da hegemonia masculina, mas o homem é atingido por um modelo *jovem centrista*. Como consequência, esse capital é alterado.

4.4. Quanto à finitude

Um aspecto etário importante diz respeito à diferença de expectativa de vida entre os gêneros. Por fatores variados em cada sociedade, as mulheres tendem a viver mais do que os homens. Incluem-se fatores biológicos (genética e hormônios), questões geopolíticas (maior participação de homens em conflitos armados), hábitos culturais (alimentação mais saudável, idas regulares ao médico, menos ingestão de álcool e menos uso de cigarro), entre outros. Já se indica, porém, que a diferença de expectativa de vida entre os sexos tende a diminuir nas próximas décadas.

No Brasil, esse quadro também é reflexo do efeito das mortes prematuras de homens jovens por causas não naturais, como a alta taxa de homicídios e acidentes no trânsito; e por causas comportamentais, como uso de cigarro, ingestão de álcool, estresse e menos frequência em consultas médicas. Pelos dados do IBGE, em 2019 a longevidade feminina era, em média, sete anos superior à dos homens. Foi de 79,9, em 2018, para 80,1 anos, enquanto a masculina passou de 72,8 para 73,1 anos. Em 2018, 0,12% da população era formada por homens com 90 anos ou mais, enquanto esse percentual era de 0,24% para mulheres.

Porém, viver mais não significa usufruir benefícios e condições sociais mais confortáveis. Não cabe aqui medir discrepâncias ou vantagens comparativas no envelhecimento entre gêneros, visto que ambos estão sob constante ameaça da invisibilidade ao serem aposentados de suas atividades e, muitas vezes, do direito de dirigir suas vidas. Falemos, pois, de dois tipos de morte: a biológica e a simbólica (a do esquecimento social). Desse modo, a analogia entre corpo velho e morte marca circunstancialmente o indivíduo. A interpretação existencial da morte, para o filósofo alemão Martin Heidegger, precede toda biologia ou ontologia da vida. "É ela que fundamenta qualquer investigação histórico-biográfica e psicoetnológica da morte. Uma 'tipologia' do 'morrer', entendida como caracterização dos estados e dos modos em que se 'vivencia' esse deixar de viver, já pressupõe o conceito de morte."[19]

Se o corpo é um mecanismo de produção, conforme a perspectiva marxista, e sua função está a serviço de um processo fabril, o que se oporia a essa lógica? Justamente o corpo de ação interrompida. Ou seja, o corpo idoso é um corpo prestes a ser interrompido, um corpo que apenas aguarda a morte, porque ainda que não esteja morto, já não é suficientemente potente. Nesse sentido, e seguindo a definição de Heidegger para morte como fenômeno da vida, é preciso "entender vida como um modo de ser ao qual pertence um ser-no-mundo"[20]. Seu oposto, o não pertencer, é um estado de morte.

---

19 HEIDEGGER, [1927] 2005, p. 29.
20 HEIDEGGER, 2005, p. 28.

Sendo então o estar vivo o mesmo que pertencer, compreendendo seu lugar de ocupação, estar morto é uma "possibilidade ontológica que a própria presença sempre tem de assumir"[21]. A associação entre velhice e morte, portanto, assume caráter existencial, no momento em que se identifica a morte num estado de vida ou, como Heidegger propõe, como definidora da ausência pura de seu ser-no-mundo. Por exemplo, é muito comum a representação de pessoas velhas como caveiras, o que faz supor que elas já morreram ou estão em decomposição avançada.

É verdade que a compreensão biológica sobre o corpo, amparada pelos avanços científicos, favoreceu o pensamento de que o corpo envelhecido é mais vulnerável, prestes a adoecer ou a ser "interrompido" em sua trajetória. Vem daí a prática de controle sobre o corpo idoso, a ser vigiado, alimentado, amparado – na comparação com estágios iniciais da vida, esse corpo é infantilizado. Não por acaso, as pessoas falam de crianças e idosos como extraordinários para sua idade, como lembra Simone de Beauvoir, porque o extraordinário ressude em se comportarem como seres humanos quando ainda não o são, ou já não o são mais. Porém, a criança representa o futuro, e o idoso é "não mais que um cadáver cuja sentença está suspensa". Por isso, vigia-se até com quem ele pode se relacionar.

Conforme já detalhado, nas sociedades europeias ao longo da Idade Média, crianças e adultos conviviam no mesmo degrau de civilidade. Essa distância hierárquica foi gradualmente alargada na Modernidade, não só pela construção de infância como fase de dependência, como pelo entendimento de que idosos não serviriam para o trabalho fabril. Se em definição há um distanciamento entre crianças e velhos, em termos práticos eles são equiparados, pois necessitariam de maior vigilância e controle. Uma contradição que se percebe: é da posse do idoso um corpo interpretado no processo de degeneração, mas não é mais de sua posse o que esse corpo pode cumprir, estando sob rígida vigilância moral. A esse corpo cabe apenas esperar pela

---

21 HEIDEGGER, 2005, p. 32.

morte, uma espera que é compartilhada por todos ao seu redor. Nas palavras de Heidegger, "a morte que é sempre minha, de forma essencial e insubstituível, converte-se num acontecimento público, que vem ao encontro no impessoal"[22].

A morte do corpo é compreendida num sentido amplo, além do fator biológico. No pensamento capitalista ocidental, um corpo já não é mais útil quando deixa de produzir, logo ele deixa de existir como valor social, deve ser esquecido. Esta é uma ideia que coexiste com a própria definição que rege o poder centrado na masculinidade.

Até então força-motriz dessa realidade, o corpo masculino, agora velho, é entendido em fragilidade e animalidade. A finitude é marcada por uma fluidez em se imaginar como as classificações por idade permeiam o campo simbólico de forma inconstante ao longo do processo civilizatório. Isso porque, para Hall e Woodward, as identidades em conflito estão localizadas no interior de mudanças sociais, políticas e econômicas, mudanças para as quais elas contribuem. As identidades que são construídas pela cultura são contestadas sob formas particulares no mundo contemporâneo – num mundo que se pode chamar de pós-colonial, período histórico caracterizado pelo colapso das velhas certezas e pela produção de novas formas de posicionamento.

O descarte promovido pelo modelo neoliberal está no conflito da pluralidade da velhice, com a finalidade de estigmatizar, descartar e liquidar tais corpos. Isso porque a morte do corpo idoso é marcada, antes do sentido biológico, pela sua incapacidade de produzir (no sentido amplo do termo). Se esse corpo se faz existir socialmente pela importância conferida a ele, dando-lhe lugar de ocupação e poderes simbólicos, sua finitude é marcada pela incapacidade de manter produtividade coerente com o que se espera do indivíduo.

A finitude corre como limítrofe biológico para todos a qualquer momento de sua existência. Relacioná-la apenas à

---

22 HEIDEGGER, 2005, p. 35.

velhice é dar mais um peso de inferioridade a um grupo social já bastante estigmatizado. Outras formas de enxergar a velhice, incluindo sua representação numa multiplicidade de temas, é um dos caminhos para se abranger a percepção etária, já que "o idoso também pode se permitir uma outra interação social, de acordo com suas demandas particulares"[23]. É o controle desse jogo que está em discussão.

---

23 MORATELLI e SICILIANO, 2020, p. 12.

"Um dia, entendi que os velhos são heróis.
Passaram por muito, ganharam e perderam tanta coisa.
Perderam pessoas. Persistem sobretudo para cuidar de nós,
os mais novos, e nos assistirem. Observam-nos"

Serei sempre o teu abrigo, de Valter Hugo Mãe

CAPÍTULO III

QUEM É VELHO NO BRASIL

1. Um velho país jovem já na sua *Primeira missa*

Apesar de ter sido criada no começo da segunda metade do século XIX, a pintura *A primeira missa* nos remete aos primeiros meses de 1500, com a chegada dos portugueses. Na pintura de Victor Meirelles (1832-1903), o frei Henrique Soares ocupa o centro da nova ordem na Terra de Santa Cruz. A ele é destinada a parte iluminada, onde uma imensa cruz ereta é observada por todos ao redor. Com os portugueses, chega ao país um pensamento vigente na Europa, de que cabe ao corpo masculino o protagonismo de todas as decisões importantes, incluindo o controle político, o caráter religioso e a memória. É a importação de uma estrutura social unânime até hoje no Ocidente: o patriarcado.

Mesmo mulheres desempenhando papel relevante em determinadas sociedades indígenas, como relatado anteriormente sobre os tupinambás, a elas foi destinada uma interpretação marcada por dogmas trazidos pelos colonizadores, que implantariam a hierarquia patriarcal de forte opressão em terras recém-conquistadas. A chegada do cristianismo, regido por homens, reforça o desmonte de práticas de saberes próprios dos povos originários. A historiadora austríaca Gerda Lerner diz que esse sistema primeiro se manifestou em mudanças na organização do parentesco e nas relações econômicas, no estabelecimento de burocracias religiosas e estatais e na virada que a cosmogonia dá com a ascensão dos deuses masculinos.

A partir de relatos trazidos por Gilberto Freyre, em seu clássico *Casa-grande & senzala,* percebe-se como se deram, no país, as alterações etárias no campo simbólico. Nos séculos XVII e XVIII, viajantes impressionados comentavam em diários de viagem que uma mulher antes de completar 18 anos já era considerada velha. O mesmo não ocorria com os homens: "Quase todos os viajantes que nos visitaram durante o tempo da escravidão contrastam a frescura encantadora das meninotas com o desmaiado do rosto e o desmazelo do corpo das matronas de mais de dezoito. De Mrs. Kindersley [...]: as senhoras 'ficavam com o ar de velhas muito depressa. Seus traços perdiam a delicadeza e o encanto'"[24].

Ainda neste resgate de narrativas passadas, Freyre cita o comerciante inglês John Luccock, em passagem pelo Rio de Janeiro, da mesma época. Luccock assim observou sobre as brasileiras: "Olhos vivos, dentes bonitos, maneiras alegres – tal o retrato que nos traça de meninas de treze ou quatorze anos. Aos dezoito anos, já matronas, atingiam a completa maturidade. Depois dos vinte, decadência. Ficavam gordas, moles. Criavam papada. Tornavam-se pálidas. Ou então murchavam".

A respeito do período Brasil-Colônia, no século XVII, Freyre resgata o relato de um observador holandês, em Pernambuco, segundo o qual as jovens mulheres brasileiras "perdiam os dentes; e pelo costume de estarem sempre sentadas, no meio das mucamas e negras que lhes faziam as menores coisas, andavam 'como se tivessem cadeias nas pernas'". Sobre o meado do século seguinte, há relatos como o do etnógrafo alemão Karl von den Steinen, de 1885, e que Freyre assim reproduz: "Estas brasileiras, aos doze e treze anos,

---

24 FREYRE, [1933] 2003, p. 430.

quando já na puberdade, e a mãe começa a pensar seriamente em casamento, encantam e enleiam com sua beleza florescente. [...] Pena que seu encanto só durasse mesmo até os quinze anos"[25].

Bem antes disso, nos primeiros registros iconográficos das populações indígenas, no século XVI, há indícios de como a velhice era retratada. Em pesquisa sobre canibais em território brasileiro, o historiador colombiano Yobenj Chicangana-Bayona reúne, em várias xilogravuras, formas de como as indígenas velhas encarnavam o que era mais temido e odiado entre as práticas indígenas. Na visão dos cronistas, elas incitavam o canibalismo, por isso foram retratadas como sádicas em rituais contra o inimigo. As velhas aparecem, quase sempre, zombando das vítimas antes de degolarem-nas sob dança; em seguida preparam os cozidos e separam as partes a serem comidas por todos.

Em uma dessas xilogravuras, *Preparo da carne humana no moquém*, datada de 1592, de Theodor de Bry, uma segunda mulher do canto esquerdo representa uma velha tupinambá chupando seus dedos em alusão à falta de dentes, só podendo chupar e sorver sangue e gordura, mas não morder a carne. Há ali uma clara associação entre a experiência das velhas no canibalismo e a leitura europeia do corpo degenerado repleto de vícios.

As representações da velhice da época têm forte conotação moral. Não que as de hoje sejam imunes a isso. Gravuras sobre o consumo das vítimas mostram que todos os tupinambás participavam do banquete – jovens, velhos, homens, mulheres e crianças. Mas, na visão europeia escandalizada com o novo mundo, a mulher velha ocupava a posição decrépita, porque acreditava-se que era dissimulada, sempre propensa a cair em tentação, sendo assim um ser inferior. A representação dessa mulher velha, que potencializa a inferioridade, fazia parte da cultura cristã da Europa. Basta lembrar que a temática de bruxaria era tida como heresia pela Igreja. Vem dos séculos XV e XVI a ideia de bruxas como mulheres velhas, de seios e nariz caídos, pele bastante enrugada, cabelos grisalhos despenteados e rostos grotescos. Um bom exemplo dessa representação é a obra *Avareza* (1507), de Albrecht Dürer. A valorização do feminino se dá pela

---

25 FREYRE, 2003, p. 431.

juventude, que seria perdida pelo acúmulo de pecados, desgastando o corpo e a alma.

E o que os relatos de viajantes europeus do século XVII resgatados por Gilberto Freyre têm em comum com as gravuras sobre tupinambás? A questão etária registrada é sempre a feminina, quase não há relatos sobre velhice masculina daquela época. Entre os motivos por que ela não chama atenção: 1. Os relatos são sempre do ponto de vista do homem sobre a mulher; 2. Por mais que a construção da velhice passe por diversos atravessamentos, que incluem estruturas político-econômicas, a masculinidade permite experimentar resquícios de poder mantidos na velhice.

A fragilidade e animalidade do corpo masculino velho serão compreendidas mais tardiamente, pois há fluidez em se imaginar como as classificações por idade permeiam o campo simbólico de forma inconstante ao longo do processo civilizatório.

1.1. A velhice trazida da Europa

Junto com os portugueses, muito mais do que doenças até então desconhecidas nas Américas, ou costumes nada habituais nos trópicos, vieram nas caravelas comportamentos que introduziram outras organizações sociais. A cada nova significativa alteração de poder, também era exportada por Portugal uma perspectiva de pensamento a ser assimilada como padrão. Sob esse ponto de vista histórico, cabe um exemplo dos tempos da chegada da corte portuguesa ao país.

Com a fuga da família real para o Brasil, país cuja expectativa média de vida não alcançava os 30 anos, era de se admirar a figura de D. Maria I, mãe do príncipe regente D. João VI, que entraria para a História sob a alcunha de "rainha louca", devido a alucinações que a perturbavam. Ao desembarcar no Rio de Janeiro, aos 73 anos, a rainha foi carregada numa liteira por dois homens sob cortejo da população. Aos olhos dos admiradores, relata a historiadora Mary del Priore, "sua longevidade tinha o gosto do heroísmo. Ser velho, então, era roubar pequenos prazeres à vida, era assistir a corpo e espírito se paralisando por males físicos. Era aceitar a decrepitude"[26].

A família real também trouxe, naquele momento, todo o fervor que a fazia uma das monarquias mais católicas da Europa. Atrasados nos estudos anatômicos que os italianos desenvolveram séculos antes, os médicos portugueses, sem autorização para dissecar cadáveres, acreditavam que o coração das pessoas ia diminuindo de volume com a idade, até desaparecer, o que provocava a morte.

Seguindo regras de comportamento para a realeza publicadas pela primeira vez em 1529, sob o título de *Libro llamado relox de príncipes*, do frei espanhol Antonio de Guevara, a corte portuguesa tentava esconder a fraqueza de seus entes mais idosos. A obra foi escrita com a finalidade de conduzir Carlos V, sacro imperador romano e arquiduque da Áustria, a quem era dedicado o livro, a comportar-se como "um verdadeiro monarca católico e a bem governar a República". Entre as ideias disseminadas, a velhice era produto de desgosto das coisas, "de balbucio das palavras incompreensíveis, de suspiros e gemidos infantis"[27]. Logo, sua exposição deveria ser evitada, para não causar males à imagem de um império – o que explica a inexistência de qualquer notícia no *Correio Braziliense* sobre Maria I no Brasil, entre 1808 e 1817.

Curiosamente, foi o naturalista e poeta luso-brasileiro José Bonifácio de Andrada e Silva que, aos 68 anos, ficou responsável por ser o tutor de Pedro II, então com 5 anos, após o pai, D. Pedro I, abdicar do trono em 7 de abril de 1831. O período regencial do Império estendeu-se até 1840, com o golpe da maioridade. A mesma História que acomodaria Maria I como uma "rainha louca", daria a Bonifácio o pomposo aposto de "Patriarca da Independência". Salvo a dúbia sanidade da rainha, é interessante perceber como a idade não foi impeditivo para Bonifácio exercer notório cargo.

---

26 DEL PRIORE, 2019, p 182.
27 DEL PRIORE, 2019, p 182.

1.2. Surge um "novo" país

Nas décadas que antecederam o fim do Império, no limiar do século XIX, a capital do país, Rio de Janeiro, era tomada por pântanos malcheirosos e poças d'água imunda e parada por todos os lados, as praias do centro exalavam "fedor proveniente de detritos domésticos em decomposição, carcaças de animais mortos apodreciam nas ruas"[28]. Como se não bastasse, a insalubridade era reforçada pela chegada constante de africanos vítimas do tráfico negreiro. Ilegal desde 1831 no país, o tráfico se manteve clandestino e sem qualquer medida formal de controle sanitário. Salienta-se esse cenário para entender as condições de vida na então capital do Brasil, e por se saber que, com o avanço das melhorias sanitárias, a expectativa de vida daria um salto nas décadas seguintes.

Com a proclamação da República, a ideia de um "novo" país surgia para enterrar o arcaico. Gilberto Freyre define que o Império morreu "sob as barbas brancas e nunca maculadas pela pintura do imperador D. Pedro II, ao passo que, em seu lugar, resplandeciam as barbas escuras dos jovens líderes republicanos, ávidos pelo poder"[29]. É uma boa alusão ao período.

Se a figura de uma idosa e frágil Maria I desaparece dos registros por questões políticas ainda durante a monarquia, o mesmo não acontece com a população brasileira ao longo dos últimos dois séculos. A população passa por uma verdadeira revolução etária, saindo de irrisórios patamares de expectativa de vida, comparados ao que se vivia na Grécia Antiga, para a atual equidade a níveis europeus. O envelhecimento populacional no país acompanha fenômeno percebido em diversas partes do mundo, a partir da difusão de técnicas de planejamento familiar, movimento feminista, aumento do conhecimento científico e do nível educacional, urbanização, maior acesso a serviços de saúde etc. A projeção para 2020 da expectativa de vida do brasileiro

---

28 CHALHOUB, 1996, p. 66.
29 FREYRE, 1974, p. 132.

chegou a 76,7 anos, dados divulgados pela Tábuas Completas de Mortalidade do Brasil, do IBGE, em 2017. Ainda assim, com a pandemia de covid-19, perderam-se quase dois anos de esperança de longevidade – ou seja, 74,8 anos, retornando ao patamar anterior a 2012.

Uma reportagem do *Jornal do Brasil*, de 27 de fevereiro de 1971, com o título "Velhice não é bem o tema num país quase só de moços", alertava que a realidade de jovens e velhos brasileiros seria a mesma – analfabetismo, desemprego e outras mazelas socioeconômicas. Mas o texto reforçava que, apesar disso, pela "simples quantidade, os jovens absorvem a maior carga dos problemas nacionais". Isso num período em que metade dos 90 milhões de brasileiros eram adolescentes e apenas 5,4% da população completava 65 anos.

A crescente presença de idosos na sociedade cria novas relações entre as categorias subsequentes, a serem integradas num desenvolvimento global de sociedades. Assim, a liderança de uma categoria não deveria significar a exclusão de outra, mas uma conformidade de relações. Até porque, chegar à velhice satisfatoriamente realizado é um processo que atravessa medidas que tangem (e não excluem) infância e fase adulta. Como lembram Marcel Mauss e Émile Durkheim, qualquer categoria é uma representação coletiva, dependendo da maneira pela qual é constituída e organizada, da sua morfologia, das suas instituições religiosas, morais, econômicas etc."

1.3. A masculinidade brasileira nos traços de Debret

Os registros de Jean-Baptiste Debret (1768-1848), integrante da missão artística francesa no Brasil em 1816, a pedido de D. João VI, revelam muito sobre o período que o país atravessava no auge da influência portuguesa. Na figura 40, *Um funcionário a passeio com sua família*, de 1830, observa-se como a figura do homem controla a ação. Se no Rio do começo do século XIX, em âmbito público, o homem está à frente da família, orientando-a em ordem hierárquica, não seria diferente no espaço privado.

É um modelo de gestão política que, desde o Brasil-Colônia, prioriza o homem (branco e jovem), quem mantém direitos públicos já na origem do Estado. À condição feminina, conforme já relatara a historiadora Mary Del Piore, cabe um adestramento no interior da ética procriativa e do casamento. A autorização de normas que privilegiam a masculinidade desqualifica, por outro lado, tudo que é codificado como feminino. Nada de novo no novo mundo.

A filósofa Hannah Arendt defende que o poder não é propriedade de um indivíduo, pertence a um grupo e existe somente enquanto o grupo se conserva unido. Quem vai à frente daquele passeio com a família, imortalizado por Debret, não é apenas um homem. É todo um sistema que o prioriza e lhe permite exercer seus privilégios como homem.

Desse modo, é preciso que se compreenda como a hierarquia social brasileira é dominada pela valorização da masculinidade, permitindo que idosos tenham experiências diferenciadas de idosas, posicionando-os em graus diferentes de ascensão. A pintura *A primeira missa*, anteriormente descrita, diz muito sobre o lugar de onde se cria a representação de dominação e de produção do discurso ainda hoje vigente no país. Como já exposto, no lugar central da imagem está o homem branco. Quando se fala de privilégios, em sua maioria, volta-se para essa figura, que ocupa o eixo de comando da sociedade. Logo, ao se falar de velhice, a lógica se perpetua. A obra de Debret apenas ressalta a permanência de um modelo imposto já em 1500. Outras mudanças, entretanto, estariam em curso.

1.4. Da arte do barro, uma percepção única

Seria possível hoje uma sociedade com representação de idosos em grande escala surpreender positivamente? Foi durante uma visita ao Museu do Pontal, quando ainda era no bairro Recreio dos Bandeirantes, e não na atual sede na Barra da Tijuca, na zona oeste do Rio de Janeiro, que o escritor português José Saramago se inspirou para escrever o romance *A caverna*, publicado em 2000. Saramago se surpreendeu com as pequenas esculturas feitas de barro, assinadas pelo escultor Zé Caboclo, representando figuras humanas em diferentes situações (na lavoura, em festas religiosas, em afazeres domésticos etc.). Zé Caboclo, discípulo de Mestre Vitalino, um dos maiores ceramistas do país, teve como área de atuação a comunidade do Alto do Moura, em Caruaru, agreste pernambucano, onde ainda hoje descendentes perpetuam o trabalho de esculpir em barro.

Essas esculturas de barro [Figuras 41 e 42], a maioria representando idosos em atividades diversas, revelam uma sociedade à parte do avanço sorrateiro da lógica neoliberal do descarte de pessoas. À luz da importância desse que é o maior acervo de arte figurativa do sertão brasileiro, essas obras trazem um olhar sobre o envelhecimento de forma totalmente inovadora: na sua valorização em sociedades à margem do capitalismo. Ali, os velhos também dançam.

São imagens que servem de contraponto a um pensamento que age sob a falta de produtividade de determinados corpos. O idoso, colocado como frágil e dependente, não condiz com a surpreendente identidade de corpos atuantes na aridez do sertão. A arte figurativa dos discípulos de Mestre Vitalino reorganiza e possibilita outros olhares para a velhice, tal como se surpreendeu José Saramago.

2. Evolução demográfica brasileira

O século XX assistiu à população global sair de 1,6 bilhão em 1900 para 6 bilhões em 2000, puxada pelo aumento da expectativa de vida e queda da mortalidade infantil. O Brasil dormiu em 1900 com uma expectativa de 33,4 anos e acordou em 2000 com mais do que o dobro, 69,9 anos. Um século antes do início dessa transformação, também sentida em outras partes do planeta, a Europa estava mergulhada em guerras napoleônicas, e o Brasil seria a rota final da fuga da família real, em 1808, experimentando pela primeira vez o centro do poder do império português.

Dados demográficos são ótima fonte de legitimação do envelhecimento populacional, comprovam o quanto tem avançado, no caso do Brasil, nos ganhos sociais. Porém, seu alcance, sem análise aprofundada, seria apenas seletivo. É necessário interpretar a velhice em suas implicações históricas, abrangendo o escopo etário-social, a fim de se contextualizar o impacto das mudanças etárias no país para, em seguida, pensar nos dados "invisíveis" que precisam ganhar compreensão.

Sendo as mudanças etárias intimamente relacionadas às transformações socioeconômicas, podemos pensar na perspectiva materialista moderna, para a qual todo fenômeno sociocultural é efêmero. O marxismo define os processos econômicos, assim como a produção de conceitos para estruturar sua compreensão, como as formas econômicas sob as quais os homens produzem, consomem e trocam são transitórias e históricas.

Assim, os números levantados neste capítulo ajudam a compreender os tipos de velhice que o Brasil passou a apresentar no presente século e a dialogar com as forças econômicas. Definições marxistas ajudam a compreender que os números, projetos e representações da velhice também estão amalgamados com estruturas econômicas. Conforme a população envelhece, ela também aprofunda desigualdades não resolvidas anteriormente. Por isso, num modelo de sociedade sob o ângulo prioritário da produção e do lucro, a velhice ressignificada é uma luta que deve ser de todos.

De antemão, compreende-se que números do Censo ilustram consequências de um percurso histórico. Aumento da pobreza, desigualdade de renda e privações diversas geram queda de capital humano e de crescimento potencial no longo prazo, algo sentido no resto da vida de certo grupo de pessoas.

A inexistência de uma ação nacional coordenada e permanente no campo da saúde pública para atender o país nas primeiras décadas do século XX explica, por exemplo, que em 1903 a expectativa de vida no Brasil era de 33 anos. Uma série de epidemias grassava em todo o território. A radical transformação desse padrão demográfico corresponde, portanto, a uma das mais importantes modificações estruturais verificadas na sociedade brasileira.

A partir do momento em que há redução na taxa de crescimento populacional (de 2,01% entre 1872 e 1890 para 1,17% entre 2000 e 2010), alterando a estrutura etária, toda a sociedade passa a se modificar. Há crescimento mais lento no número de crianças e adolescentes (cujo percentual era de 42,6% em 1940, devendo chegar a 14,1% em 2050), paralelamente ao aumento da população em idade ativa e de idosos (4,1% em 1940, com projeção de 29,4% para 2050). Todos esses dados são disponibilizados pelo IBGE.

Expectativa de vida no Brasil

Ano	Idade
1960	54,14 anos
1980	62,63 anos
2000	70,12 anos
2020	76,7 anos (projeção)*
2040	79,9 anos (projeção)
2060	81,2 anos (projeção)

Fonte: IBGE. *Com a pandemia, esse número foi reduzido para 74,8, mesmo índice de 2013.

De acordo com o IBGE, em 2018 eram 29,6 milhões de idosos. Em 2021, a projeção indicava aumento para 32 milhões, o que corresponde a mais de 15% da população – um crescimento de 18% na quantidade de idosos desde 2012. Em 2018, as mulheres se tornaram maioria expressiva no grupo, com 16,9 milhões, correspondendo a 56%, enquanto os homens idosos eram 13,3 milhões, o equivalente a 44% do total.

Idosos acima de 60 anos no país

Ano	População
1980	7,2 milhões
2012	25,4 milhões
2018	29,6 milhões
2021	32 milhões

Fonte: IBGE.

As projeções do instituto indicam ainda que até 2060 pode-se chegar a 19 milhões de superidosos, termo usado para pessoas com mais de 80 anos. Em 1980, eram 684.789 pessoas nessa faixa etária.

Já o FGV Social, que leva em consideração a classificação de idosos como os que têm 65 anos ou mais, divulgou em uma pesquisa intitulada *Onde estão os idosos? Conhecimento contra a covid-19*[30], do começo da pandemia da covid-19, em abril de 2020, que houve um aumento de 20% na comparação com dados de 2012, quando a proporção de idosos na população era de 8,8%. Além das mulheres serem maioria, os amarelos e/ou brancos envelhecem mais no Brasil do que os negros, com menor expectativa de vida. Quanto à escolaridade, os idosos ainda eram 30% dos analfabetos e tinham 3,3 anos de estudo completos a menos que a média nacional. Em 2019, eram quase 6 milhões de analfabetos, o que equivale a uma taxa de analfabetismo de 18% apenas para esse grupo etário. A taxa caía para 11,1% entre as pessoas com 40 anos ou mais, 7,9% entre aquelas com 25 anos ou mais e 6,6% entre a população de 15 anos ou mais. Como se percebe, além de exibir o problemático desnivelamento de direitos, a taxa de analfabetismo tem forte componente etário. Uma realidade que permanece pouco alterada ainda hoje.

Por outro lado, estavam matriculadas 7.813 pessoas com 65 anos ou mais em cursos de graduação em 2019, segundo o Censo da Educação Superior do Instituto Nacional de Estudos e Pesquisas Educacionais (Inep). Na faixa entre 60 e 64 anos, o número sobe para 18,9 mil universitários. O número pode parecer irrisório, já que a educação superior tem cerca de 8,2 milhões de estudantes. Entretanto, a faixa etária acima dos 65 anos foi a que apresentou maior crescimento de matrículas desde 2013: 46,3%. No período, as matrículas de jovens entre 19 e 24 anos, por exemplo, aumentaram 15,4%. Os dados relativos aos ingressantes, ou seja, pessoas que se matriculam pela primeira vez no ensino superior, também são significativos: o número de alunos novos a partir de 65 anos dobrou entre 2013 e 2017, passando de 1.452 para 2.932.

---

30 Disponível em: https://cps.fgv.br/covidage. FGV Social. Acesso em: 19/6/2023.

Sobre a posse de bens e ativos, os idosos acima de 65 anos eram, em 2019, segundo a FGV Social, 13,17% dos que possuíam casa própria, 22,47% dos brasileiros sem acesso à internet, 12% dos que tinham TV, 10,22% dos que tinham canais pagos. Sobre a renda dos idosos, como indica a tabela a seguir, a aposentadoria pública é a principal fonte de recursos.

Idosos acima de 65 anos e a classe econômica

Fonte de renda	População
Aposentadoria do INSS e pensão	59,64%
Prestação Continuada (BPC)	40,78%
Bolsa Família	0,89%

Fonte: FGV Social 2020.

O poder aquisitivo dos idosos no país chegava, em 2017, a R$ 1,5 trilhão, segundo a Aliança Global do Centro Internacional da Longevidade, que classifica como idoso o indivíduo com mais de 55 anos – mais um exemplo da disparidade de classificação etária entre institutos. O grupo movimentava quase 20% do Produto Interno Bruto (PIB), sem distinguir quantos seriam brancos ou negros, ou mulheres ou homens.

O estado brasileiro com a maior concentração de idosos é o Rio de Janeiro (13,06%); no rodapé, Roraima (5,26%). Trata-se das consequências de uma perpetuação histórica das desigualdades socioeconômicas refletidas nas desigualdades regionais, impondo privilégios da região Sudeste sobre a região Norte do país, o que se reflete também na amostragem do envelhecimento da população. Na tabela a seguir, a proporção dos quatro estados brasileiros com mais idosos e os quatro com menos idosos.

População idosa por estado brasileiro

Estado	População
Rio de Janeiro	13,06%
Rio Grande do Sul	12,95%
São Paulo	11,27%
Minas Gerais	11,19%
Acre	6,9%
Amazonas	6,7%
Amapá	5,75%
Roraima	5,26%

Fonte: FGV Social 2020.

Dados da ONU de 2019 demonstram que são 705 milhões de pessoas acima de 65 anos contra 680 milhões na faixa até 4 anos. As estimativas apontam para um crescente desequilíbrio entre os mais velhos e os mais jovens até 2050 – quando se estima que haverá duas pessoas com mais de 65 anos para cada criança de até 4 anos. Na comparação com os demais países, em 2020, o Japão era o líder do *ranking* de envelhecimento, com 28,4% da população idosa. Lá, as vendas de fraldas geriátricas superam as destinadas aos bebês.

O Brasil estava na 76ª posição. Com as menores taxas de idosos, estavam o continente africano e o Oriente Médio: Emirados Árabes Unidos (1,26%), Catar (1,69%) e Uganda (1,99%). Tais dados reforçam que países desenvolvidos promovem maior longevidade de sua população.

A ONU estima que pessoas idosas com 60 anos ou mais chegarão a 1,4 bilhão em 2030 e 2,1 bilhões em 2050, quando todas as regiões do mundo, exceto a África, terão pelo menos um quarto de suas populações nessa faixa etária. Ou seja, até 2050, um quinto da população mundial será de idosos. E o continente africano ainda não terá alcançado essa marca global – na África subsaariana, as famílias têm em média cinco filhos.

O processo de envelhecimento populacional pode trazer consequências positivas para o planeta, aliviando a pressão sobre os recursos naturais e desacelerando as mudanças climáticas, o que resultaria em mais qualidade de vida. A taxa de fertilidade na Coreia do Sul, por exemplo, caiu para um recorde mínimo de 0,92 em 2019 – menos de um filho por mulher, a mais baixa do mundo.

Ganhos de nações com populações envelhecidas são mais visíveis em países desenvolvidos. Ainda assim, há intensa pressão social. Na Alemanha, por exemplo, o objetivo é que antes de 2030 os beneficiários se aposentem com 67 anos (em 2021, a idade mínima para a aposentadoria era de 65 anos); porém há estudos para elevar para 69 anos. Em outros países, que agregam um terço da população mundial, essa dinâmica de crescimento ainda está em curso.

Em categoria intermediária na tabela, o Brasil sofre variações de posição se levar em consideração a renda dos idosos. A explicação é a gritante disparidade socioeconômica do país. Até 2020, os idosos correspondiam a 17,44% dos 5% dos brasileiros mais ricos e 1,67% dos 5% mais pobres.

Como a maior parte da população negra não está no topo da pirâmide socioeconômica, a realidade da parcela negra e idosa apresenta um conjunto de fatores que puxam para baixo a expectativa de vida, tais como: falta de acesso a saneamento básico e saúde, alimentação inadequada, baixa escolaridade e exposição à violência. Quanto maiores os percalços enfrentados pela juventude e por adultos negros, maiores as dificuldades de ascensão social e de envelhecimento para esse grupo social.

Idosos acima de 65 anos e classe econômica

Classe	População idosa
AB	15,54%
C	13,07%
D	4,71%
E	1,4%

Fonte: FGV Social 2020.

Desse modo, após análise da evolução de dados demográficos expostos, e sem a pretensão de dar conta de um retrato único e singular acerca do envelhecimento no Brasil, apresentamos sete considerações. Em sua maioria, os idosos brasileiros...

1	...são mulheres (55,7%) brancas (54,5%) e moradoras de áreas urbanas (84,3%).
2	...correspondem a 12,6% da população do país, considerando a participação relativa das pessoas com 60 anos ou mais.
3	...vivem de aposentadoria ou pensão (cerca de 60%).
4	...brancos têm seis anos a mais de expectativa de vida do que os idosos negros.
5	...moradores do Sudeste vivem mais do que os do Norte. O capixaba vive, em média, oito anos a mais que o maranhense, por exemplo.
6	...da classe AB (cerca de 15%) viverão mais do que os da classe E (quase 1,5%).
7	...ainda são minoria em relação ao Japão, país líder em longevidade. Lá, a cada dez cidadãos, três são idosos. Aqui, a cada dez, um tem mais de 60 anos.

Sem nos atermos unicamente à perspectiva economicista e demográfica, os números anteriormente citados reforçam a necessidade de compreensão sobre quem são esses idosos, que caminhos percorreram para alcançar uma idade mais avançada e como são inseridos na sociedade. Esse levantamento permite contextualizar as transformações que influenciam as categorias nas quais a sociedade se organiza.

3. A afrovelhice

A primeira projeção cinematográfica conhecida, *The horse in motion* (em tradução livre, "Cavalo em movimento"), é uma série de seis cartões pintados com a figura de um cavalo montado por um homem. Em 1878, o experimento do fotógrafo inglês Eadweard Muybridge trouxe imagens que, ao serem passadas com velocidade, criavam a sensação de movimento do animal, sendo considerado o primeiro passo do desenvolvimento de um filme para o cinema – algo que, dezessete anos depois, seria aprimorado pelos irmãos Lumière ao apresentarem uma projeção ao mundo. *The horse in motion* é citada no filme estadunidense *Não! Não olhe!*, de 2022, dirigido por Jordan Peele, pelo seu forte contexto preconceituoso.

O cavalo daquela primeira projeção cinematográfica se chamava Abe Edgington, era de propriedade do magnata estadunidense Leland Stanford, e foi registrado sobre a pista de Palo Alto, na Califórnia, em 15 de junho de 1878. Sobre o cavaleiro, negro, sabe-se apenas seu nome abreviado, C. Martin. A representação do homem negro, antes mesmo de uma possível constatação de sua velhice, passa pela desinformação proposital sobre sua existência. Esse relato do preâmbulo do cinema mundial reforça a invisibilidade da representação do negro, mesmo quando ele foi protagonista e pioneiro.

Ainda que parte das pesquisas etário-demográficas não leve em consideração o aspecto racial, é importante ressaltar, sempre que possível, a questão da cor nas amostragens, visto que a forte desigualdade social no Brasil tem origem em mais de três séculos de escravidão. Por escravidão entende-se um duradouro sistema socioeconômico, a mais longeva instituição na história do país, com consequências visíveis ainda hoje. Assim, acreditamos que seja incompleta qualquer discussão etária sem o recorte racial.

No Censo Demográfico de 2010, 54% dos jovens de 15 a 24 anos se autodeclararam pretos e pardos. Já entre os idosos, os negros somavam 41,5% do total – sendo brancos (56,8%), pardos (33,8%) e pretos (7,7%). Dentro dessas variações também estão fatores como mudanças de percepção e autodeclaração de cor, de acordo com a faixa etária, que ajudam a explicar a redução do registro de 12,5% da população negra. O Censo de 1970 não incluiu o fator de cor, o que impossibilita o comparativo etário do quantitativo de jovens negros daquela época com o de idosos negros da atualidade.

O termo "afrovelhice" (ou ainda a possibilidade de "negrovelhice"), cunhado por este autor, serve como chamamento à questão do envelhecimento de uma parcela significativa da população às margens dos ganhos sociais. O prefixo "afro" remete a algo originário do continente africano. Entende-se que a África é diversa, abrigando povos de diferentes etnias, inclusive não negros. Ainda assim, o termo é popularmente utilizado para remeter a laços de negritude com o continente. Já em 1976, o dramaturgo, político e ativista dos direitos civis e humanos das populações negras Abdias do Nascimento escreveu *Arte afro-brasileira: um espírito libertador*, no qual explica suas pinturas segundo a contribuição negra para a formação latino-americana. Nas últimas décadas, termos como afrodescendente, afro-histórico, afro-organização, afrofuturismo (convergência da visão afrocêntrica com ficção científica, inserindo a negritude no contexto da tecnologia); afroteca (projeto do Centro de Convivência Negra da Universidade Federal de Minas Gerais, CCN-UFMG, com o objetivo de dar acesso a obras étnico-raciais de autores negros); *Afro-sambas* (disco do violonista Baden Powell e do poeta Vinicius de Moraes, de 1966, com músicas inspiradas nos batuques africanos), entre outros, dão conta da simbiose com países da África negra. Nota-se que o "afro" é um termo de marcação linguística cada vez mais utilizado no Brasil.

A nossa necessidade por esse termo surge após leitura de vários pensadores e estudiosos negros brasileiros (para o IBGE, negros são a soma de pretos e pardos, e não negros são brancos, amarelos e indígenas), que em muito contribuíram para o desmonte da ideia de democracia racial no país, e que ajudam a fortalecer o pensamento crítico sobre as consequências do racismo na velhice. Igualmente importantes são as leituras que abarcam a pauta do racismo, por se entender que, sem essa discussão, não há leitura crítica possível sobre qualquer projeto de modernidade. Um país que teve base econômica firmada pela escravidão de indígenas e africanos negros não pode abrigar discussão sociológica sem passar pelas consequências dessa exploração humana. Como coloca a antropóloga Lélia Gonzalez, em *Por um feminismo afro-latino-americano*, é essencial que o país reconheça nas suas contradições internas as profundas desigualdades raciais que o caracterizam, numa relação direta com o restante da América Latina.

Mas reforçar determinada definição para um subgrupo inserido no marcador da velhice pode sugerir uma dúvida epistemológica: se é possível definir uma categoria dentro da velhice, considerar todo o restante como unicamente "velhice" não reforçaria a legitimidade da hegemonia branca a partir da sua invisibilidade na definição? Em princípio, não, até porque a ideia de invisibilidade da branquitude, ou o fato de o branco não se enxergar como grupo social, já foi rechaçada por vários autores.

A palavra "branquitude", no sentido de identidade racial branca, em analogia com a palavra "negritude", foi utilizada por Freyre para criticar a utilização de ambas as ideias, "porque se trataria de uma mitificação dualista e sectária contrária à 'brasileiríssima' prática da democracia racial por meio da mestiçagem".

Em seu estudo sobre masculinidade e raça na cidade de Salvador (BA), Osmundo Pinho utiliza o termo "reafricanização" para sugerir a reinvenção de território para as afetividades e identidades negras, fundando mundos e destruindo alguns outros. Do mesmo modo, o exercício que propomos é o de pensar a realidade brasileira numa multiplicidade em construção permanente, cujos aspectos identitários são articulados com novas leituras históricas, tais como a relação de valorização de uma África, que desterritorializa mapas hegemônicos sobre raça e gênero, no sentido de produzir outros panoramas de afeto, significados e leituras de categorias consolidadas sob a égide dominante.

O discurso hegemônico naturaliza as hierarquias e rege a definição desses termos. Isso ocorre em relação à cisnormatividade, por exemplo. O termo afrovelhice não serve para demarcar fronteiras de poder, mas definir a existência de desigualdades "intraetárias" como fenômeno historicamente perpetuado. É, ainda, uma forma de enegrecer a ideia de velhice, um estágio etário prioritário na vivência de brancos no Brasil.

Um dos marcadores do racismo estrutural em várias sociedades é naturalizar o sujeito branco como representante do grupo dominante. A homogeneização de termos característicos, como "velhice", reforça essa neutralidade. Na obra *Racismo estrutural*, o ministro dos Direitos Humanos e da Cidadania, Silvio Almeida, explica que nossas ações, mesmo conscientes, se dão em uma moldura de sociabilidade dotada de constituição historicamente inconsciente. A seu ver, a vida é constituída por padrões de clivagem racial inseridos no imaginário e em práticas sociais cotidianas.

Ao ressaltar que o racismo no Brasil é um crime perfeito, o antropólogo brasilo-congolês Kabengele Munanga critica a peculiaridade do racismo brasileiro, marcado pelo silêncio, que confunde vítimas e não vítimas. Segundo Munanga, o carrasco mata duas vezes: a morte física, como mostram as estatísticas sobre genocídio da juventude negra; e a morte da manifestação da consciência sobre a existência do racismo para aqueles que sobrevivem, impedindo-os de experimentar a velhice.

Sendo característica da sociedade brasileira o privilégio de brancos sobre negros em todas as faixas etárias, a velhice do negro não seria a mesma que a do branco. Por isso a compreensão do que vem a ser a afrovelhice (ou negrovelhice): uma forma de abranger o conceito da velhice quase sempre baseado em valores da branquitude. É sabido que a diferença socioeconômica no Brasil está enraizada desde a formação da sociedade, posto que a afrovelhice teve sua origem marcada pela escravidão, sem parâmetros etários. Reforça-se, porém, que o racismo não é resquício da escravidão, mas instrumento que se constitui na Modernidade e no capitalismo. A escravidão trouxe as desigualdades que perduram na sociedade.

Lembra-se que, em mais de três séculos do sistema escravocrata, somente em 28 de setembro de 1885 foi promulgada a Lei dos Sexagenários, ou Lei Saraiva-Cotegipe, garantindo liberdade a africanos escravizados com 60 anos ou mais. Dizia a lei:

> § 10 – São libertos os escravos de 60 anos de idade, completos antes e depois da data em que entrar em execução esta Lei; ficando, porém, obrigados, a título de indenização pela sua alforria, a prestar serviços a seus ex-senhores pelo espaço de três anos.
>
> § 11 – Os que forem maiores de 60 e menores de 65 anos, logo que completarem esta idade, não serão sujeitos aos aludidos serviços, qualquer que seja o tempo que os tenham prestado com relação ao prazo acima declarado.

§ 12 – É permitida a remissão dos mesmos serviços, mediante o valor não excedente à metade do valor arbitrado para escravo da classe de 55 a 60 anos de idade (Rs. 200$000 para homens e Rs. 150$000 para mulheres).

§ 13 – Todos os libertos maiores de 60 anos, preenchido o tempo de serviço de que trata o § 10, continuarão em companhia de seus ex-senhores, que serão obrigados a alimentá-los, vesti-los, e tratá-los em suas moléstias, usufruindo os serviços compatíveis com as forças deles, salvo se preferirem obter em outra parte os meios de subsistência, e os Juízes de Órfãos os julgarem capazes de o fazer.

Ainda que a lei trouxesse poucas obrigações aos ex-senhores dos escravizados sexagenários libertos, ela foi aprovada após intenso debate na Assembleia Geral (o Congresso Nacional à época), concedendo tempo para negociação que poria fim ao modelo escravagista. Mais três anos seriam necessários até que, por pressão externa, o Brasil abolisse a escravidão, tornando-se um dos últimos países a adotar tal medida.

A capa da *Revista Ilustrada*, edição de janeiro de 1885, trouxe a inédita representação de um escravizado idoso, na qual ele é enterrado algemado, sem tempo hábil de ter sido liberto. Dando o clima da época, a ilustração de Angelo Agostini é uma crítica à Lei dos Sexagenários, que tramitava no parlamento brasileiro. Na legenda: "O coveiro dos sexagenários, disse Joaquim Nabuco, no seu primeiro discurso na Câmara dos Deputados (5 de julho): Pobres velhos! O Dantas deu-lhes esperança de morrerem livres. Saraiva quer enterrá-los algemados!".

Já em 1885, a Lei dos Sexagenários permitiu que o país experimentasse o que ocorreria três anos depois com toda a massa de negros aprisionados. Quando se promoveu a alforria desses idosos, não foi promulgada ajuda governamental que aliviasse toda uma vida de maus-tratos. Ignorou-se a possibilidade de sua inclusão na sociedade, antevendo o que se daria também com os mais jovens. Os ex-cativos velhos e inválidos foram postos às ruas, jogados ao desamparo, eliminando custos do engenho e da fazenda com servidores considerados inutilizados.

No final do século XIX, o Brasil ensaiou a primeira tentativa de industrialização, e a sociedade iniciou a mudança do aspecto agrário para o urbano. Gilberto Freyre, em *Sobrados e mucambos*, contextualiza assim essa fase: "Foi um período de diferenciação profunda [...]. Mais velhice desamparada. Período de transição. O patriarcalismo urbanizou-se"[31]. Sob o ponto de vista das relações familiares, as consequências desse início de urbanização mexeriam com o lugar ocupado pelo idoso. Se antes havia, ao menos entre os idosos brancos e de elite, garantia de respeito à hierarquia, agora a posição era abalada. Isso porque, "com a ascensão social e política desses homens de vinte e trinta anos foi diminuindo o respeito pela velhice, que até aos princípios do século XIX fora um culto quase religioso, os avós de barba branca considerados os 'numes da casa'. Os santos, os mortos e eles, velhos. Os antigos avós poderosos foram se adoçando em vovós ou dindinhos a quem já não se tomava a bênção com o mesmo medo dos tempos rigidamente patriarcais"[32].

Não é difícil supor por que o escravizado velho tinha menos valor que o escravizado jovem no Brasil-Império. No Império como um todo, o número de cativos de 60 anos ou mais era de 90.713, mas apenas 18.946 foram registrados como sexagenários. O Primeiro Recenseamento Geral do Império referente à província de São Paulo diz que escravizados com 50 anos ou mais no intervalo de 1861 a 1887, valiam pouco mais de um quarto do preço médio de adultos jovens na etapa de maior intensidade do tráfico interno no Brasil. Os cativos entre 15 e 29 anos teriam esperança de vida, se concretizada, em torno dos 50 anos. A afrovelhice é marcada, desde sua origem, portanto, pelo forte dogma da desigualdade, do desamparo e do desprezo pelo que é negro – somado à repulsa pelo que é velho.

Com a República, o cenário não foi tão diferente. Traz-se um relato histórico que compreende o pensamento do começo do século passado. O *First Universal Races Congress* (Congresso Internacional das Raças), realizado entre 26 e 29 de julho de 1911, promovido no contexto de expansão da política imperialista europeia e das discussões sobre a

---

[31] FREYRE, 2013, p. 39.
[32] FREYRE, 2013, p. 99.

paz mundial, em Londres, marcou o período em que os estudos sobre eugenia ganhavam força junto aos estudos de transmissão hereditária.

Na ocasião, o governo de Hermes da Fonseca (representado pelos médicos e antropólogos João Baptista de Lacerda e Edgard Roquette Pinto) anunciou o plano de, em até cem anos, extinguir a parcela negra da população. Entre os meios para essa eliminação, "os mulatos procurariam sempre encontrar parceiros que pudessem trazer de volta seus descendentes para o tipo branco puro, removendo os aspectos característicos da 'raça negra'"[33]. Sem condições de procriação, e consequentemente participação no projeto de embranquecimento, os negros idosos não teriam serventia. Entende-se como o desmerecimento da velhice negra é incluído no processo de dominação contínua, que perpetua desigualdades favorecendo a exclusividade de um grupo.

As disparidades da velhice no país estão constituídas em números de sua juventude: entre brasileiros com 60 anos ou mais, o percentual de analfabetismo foi de 9,5% entre pessoas brancas em 2019; entre pretos ou pardos do mesmo grupo etário, a taxa chegou a 27,1%. No Brasil, ao todo, 11 milhões de pessoas eram analfabetas em 2019, segundo a Pnad Contínua – Educação 2019. Se a negritude carrega marcas de um país segregado em diferentes níveis (acesso restrito à educação, segurança, saúde etc.), sua velhice também tende a sofrer consequências desse modelo hierárquico. A afrovelhice marca uma vida que foi subtraída das condições a que outros tiveram mais acesso. Na etapa mais avançada de suas vidas, os negros, que tiveram negados os acessos às mesmas condições que os demais, não conseguem usufruir facilidades de bem-estar. A afrovelhice é caracterizada pelo aprofundamento de desigualdades enraizadas na sociedade brasileira.

Por conseguinte, pode-se deduzir que a afrovelhice é alvo exponencial da chamada necropolítica, conceito de Achille Mbembe, que questiona os limites da soberania quando o Estado escolhe quem deve viver e quem deve morrer. Ao examinar o funcionamento do necropoder no contexto da ocupação colonial tardo-moderna, Mbembe defende que negar a humanidade do outro é permitir que toda violência se torne possível, incluindo a morte.

---

33 SOUZA e SANTOS, 2012, p. 754.

É sabido que, no Brasil, o jovem negro morre mais do que o jovem branco, pela exposição à desigualdade e violência urbana. Logo, compreende-se que ser velho negro é resistência a um Estado que não fornece as mesmas naturezas de sobrevivência a todos. O jovem negro sem acesso a uma boa rede de ensino e posicionamento no mercado formal tende a uma expectativa de vida mais baixa, logo sua experiência de velhice é diferente da do branco.

Soma-se a isso maior exposição à violência. O Atlas da Violência 2020 revelou que a taxa de homicídios de negros no Brasil saltou de 34 para 37,8 por 100 mil habitantes entre 2008 e 2018, um aumento de 11,5% no período. Já entre os não negros houve diminuição de 12,9% – elaborado pelo Fórum Brasileiro de Segurança Pública (FBSP) e o Instituto de Economia Aplicada (Ipea), com base de dados do Ministério da Saúde.

O Estado não é para operar a morte, mas para cuidar da vida de todos. A afrovelhice carrega símbolos de desigualdade como um alerta para o que precisa avançar, mas também aponta, em contraposição, o que se pretende como sociedade mais justa. Toda pesquisa sobre envelhecimento – e seus recortes de classe, gênero e camada social – deve levar em consideração a afrovelhice, para que se perceba o quão grande ainda é o desafio das desigualdades no país. Enquanto permanecer o descaso com a juventude negra, negando-lhe a possibilidade de velhice plena, não se deve homogeneizar a velhice como experiência bem-sucedida no país.

Com essa análise histórica, incluindo o fator de cor no debate do envelhecimento, retoma-se a ideia de construção da masculinidade como categoria social. Pensemos nos valores de força, engendrados numa retórica de violência dada ao imaginário de homem. Nesse ponto, o homem negro "é um homem deficitário porque, vis-à-vis outros homens, se emascula pela subordinação racial a que está submetido"[34]. Incluamos também os valores de virilidade, relacionando o corpo negro a uma ideia supersexuada, simbolizada e fetichizada. Como esse corpo se entende na velhice, quando tais ideias são corroboradas, senão em condição de decrepitude exacerbada?

---

34 PINHO, 2005, p. 138.

Os discursos de sexo e cor interagem articuladamente – mais poder, mais masculinidade. O exercício de se pensar em novos modelos de masculinidade passa também por outras definições ao corpo masculino negro envelhecido, sempre inserido em contextos de dominação e disputa. Entretanto, a manutenção do estigma perpetua esse corpo numa categoria de dominação permanente.

É necessário interpretar as habilidades culturais na relação com o corpo, em substituição a classificações limitadoras, mostrando o fato social que o rege. Se no modelo neoliberal ocidental a formação do indivíduo é pensada sobretudo a partir das relações de produção, toda análise de representação passa por questionamentos de dominação histórica e econômica.

Páginas atrás, relatei o vácuo da primeira projeção cinematográfica conhecida, *The horse in motion*, cujo cavaleiro, um homem negro, passa pela desinformação proposital de sua existência. O corpo masculino, quando envelhecido, reocupa outro lugar de existência – em muitos casos, mirando a inexistência. Mas dentre esses corpos, o do negro, que já era inferiorizado, tende a um maior esquecimento diante de suas tantas possibilidades. Isso ajuda a corroborar o mito da democracia racial brasileira defendido ainda hoje na indústria do cinema, da publicidade e da teledramaturgia, perpetuando hierarquias de representação. Assim como pouco se percebe a velhice negra, quase nada se considera sobre a velhice de grupos LGBTQIAPN+. As experiências das velhices, mais uma vez, atravessam inúmeros marcadores.

O exercício de se questionar o protagonista das pesquisas de perfil da velhice ajuda a pensar quantas categorias podem ser elaboradas para futuras análises. É de se comemorar que a população brasileira esteja envelhecendo mais, porém sem perder de vista a questão: de que idosos estamos falando? E como esses idosos são representados em sua identidade social?

4. O "social dominante" da velhice masculina no audiovisual

O interesse recente por personagens idosos em produções audiovisuais, frequência rara em décadas anteriores, ajuda a quebrar a longa conspiração do silêncio conferida à velhice. Qualquer representação pode ajudar a abranger valores e práticas sociais, além de fomentar reflexões sobre processos de afeto. O interesse no tema deve ser associado, em parte, à descoberta de um público consumidor antes desimportante para o mercado.

Uma produção audiovisual mobiliza o indivíduo na junção de imagem, sons e temática do enredo narrativo. Para compreendê-la, é necessário aprender a decodificar sua linguagem, que articula as imagens em movimento e sons com a finalidade de produzir significados. Desse modo, a compreensão da obra só é possível pelo olhar subjetivo do (tele)espectador, influenciado por práticas, valores e normas da cultura na qual se insere. Algo semelhante a qualquer outra obra artística.

Um filme ou uma série, ou uma telenovela é, antes de uma totalidade baseada em leitura individualizada, produto sociomidiático da indústria do entretenimento, passando por um conjunto de experiências do autor/roteirista, do diretor, do produtor, dos atores, entre outros envolvidos. O imaginário coletivo rege a prática social individual, que se materializa na representação audiovisual. Na verdade, é principalmente pelo "social dominante" que se dá a compreensão de estruturas psicológicas dos personagens em particular. O social dominante é o fator que homogeneíza as categorias de representação, para dar sustentação de coletivo a certos significados. A estrutura psicológica individual do ser idoso, por exemplo, obedece antes a uma contaminação pelo que é exterior a si próprio. As assimilações trazidas pela recepção de uma obra audiovisual são resultado da percepção formada por esse "social dominante".

Só se compreendem os nexos significativos da estrutura do envelhecimento em uma imagem incluindo dimensões psicológicas e temáticas próprias, porque se assimilam, culturalmente, elementos que compõem essa categoria. É assim que interpretamos a pintura central na Capela Sistina ou um antigo busto grego.

Também uma obra audiovisual ajuda a expandir ou romper determinados modelos de compreensão estereotipada sobre tal grupo, fornecendo alternativas ao fator social dominante. A ruptura de compreensão sobre a velhice passa pelo exercício de pluralidade temática e de representações que vigoram na prática mercadológica.

Antes das obras audiovisuais brasileiras, o teatro, matriz cultural que serviu de base para a teledramaturgia nacional, também se utiliza de personagens idosos em suas tramas. O teatro brasileiro do início do século XX estava centrado no gênero dramático (ou drama burguês), introduzindo incursões no realismo. Era quando se buscava uma caracterização perfeita do homem velho. Era preciso que o ator, caso não fosse idoso, apresentasse sê-lo depois de maquilado. O ator Procópio Ferreira interpretou o mendigo de *Deus lhe pague*, de Joracy Camargo, em 1932, e foi o protagonista de *O avarento*, de Molière, na mesma época. Primordial ao espetáculo, um peruqueiro e colocador de barbas postiças estava sempre a postos no camarim. Ou seja, é sempre o visual físico (corpóreo) que compõe o entendimento preambular da velhice.

A primeira telenovela que traz o protagonismo do idoso é *Os ossos do barão*, de Jorge Andrade, exibida de 8 de outubro de 1973 a 31 de março de 1974 na TV Globo. É uma adaptação novelística de duas peças teatrais de sua autoria: *A escada*, encenada pela primeira vez em 1961, e *Os ossos do barão*, em 1963. Da primeira, o autor tirou os conflitos de hierarquia familiar e o dilema dos filhos de colocarem os pais octogenários, Antenor Camargo (Paulo Gracindo) e Amélia/Melica (Carmem Silva), em um asilo. O casal de idosos vive num mundo ao qual não mais pertence, ficando à mercê dos filhos que discutem se seu futuro deve ser numa casa de repouso. O crítico de TV Nilson Xavier, em seu site *Teledramaturgia*, descreve Antenor como um aristocrata rural decadente, filho do barão de Jaraguá: "Velhinho esperto, malicioso e impertinente, vive no mundo do falecido pai, incapaz de aceitar a realidade da família decadente, insiste em se comportar como um nobre, com preconceitos herdados dos antepassados". Infelizmente não foram preservadas as imagens dessa produção[35]. Cogita-se que foram perdidas no incêndio que ocorreu na TV Globo em junho de 1976.

Na sinopse original, entende-se o que Jorge Andrade utiliza como defesa da trama: "A novela terá um interesse primordialmente jornalístico, porque gira em torno de um tema que está sendo debatido no mundo inteiro: 1982 foi determinado pela ONU o ano da pessoa idosa". Ele justifica o tema com dados demográficos da população idosa.

Fora raríssimas exceções, personagens idosos costumam, ao longo das últimas décadas, ser coadjuvantes sustentados por temáticas periféricas que não interferem no arco dramático central. Há basicamente dois tipos de utilização desses personagens nas tramas televisivas: compor o núcleo de atuação dramática do protagonista ou, isolados, pontuar a trama com uma narrativa menor. No primeiro caso, personagens idosos podem até servir como elemento para compor a trama principal, mas não são indispensáveis a ela. No segundo tipo de inserção, os personagens masculinos idosos representam "um ponto fora da curva" na linha narrativa, ou seja, sua presença agrega percepções isoladas, quase como uma trama à parte.

As telenovelas promovem a inclusão de determinados assuntos, de acordo com o contexto social vigente e a percepção de receptividade por parte de seu público – o que também pode acarretar uma diminuição drástica da presença desses personagens. Dificilmente as temáticas do universo da velhice conseguem destaque nas tramas onde seus personagens não são foco central, mas há exceções a serem lembradas.

Mesmo que seja um exemplo do universo da velhice feminina, vale lembrar o primeiro capítulo de *Babilônia* (2015, de Gilberto Braga), que causou revolta em parte do público, ao trazer uma cena de beijo entre as personagens Teresa (Fernanda Montenegro, então com 85 anos), e Estela (Nathália Timberg, de mesma idade). O autor precisou alterar a história, deixando de mostrar os carinhos do casal lésbico. Fernanda, em certa ocasião, contou que após a repercussão

---

35 *Os ossos do barão* teve *remake* em 1997, no SBT, com Leonardo Villar no papel de Antenor.

negativa da cena, o estúdio com a casa das personagens foi reduzido a ambientes de sala e escritório, já sem quarto e banheiro, que pudesse conotar intimidade entre ambas.

Em *Mulheres apaixonadas* (2003, de Manoel Carlos), um casal de idosos, Flora e Leopoldo (Carmen Silva e Oswaldo Louzada) sofria ataques verbais diários da neta, Doris, com quem morava no Leblon, bairro de elite da zona sul carioca. Embates comportamentais provocados por questões econômicas, afetivas e sociais eram expostos nos diálogos, o que ajudou a acelerar a aprovação do Estatuto do Idoso no Congresso Nacional. A Lei 10.741, que instituiu o estatuto, foi publicada em 1º de outubro de 2003, sancionada pelo presidente Luiz Inácio Lula da Silva. A partir dessa lei, passou-se a garantir os direitos dos brasileiros com 60 anos ou mais, lançando dispositivos de proteção contra abandono, discriminação e violência física e psicológica, inclusive com prisão.

Em ambos os casos, *Babilônia* e *Mulheres apaixonadas*, personagens idosos introduziram temáticas ainda pouco abordadas na teledramaturgia: casamento homossexual e violência doméstica contra pessoas mais velhas. Se um tema causa rejeição (o amor) e outro, comoção (a violência), isso passa por questões de representações. A velhice deve ser amparada e cuidada, mas não é entendida na plena capacidade de exercer autonomia, como, por exemplo, através da sexualidade, pois não são corpos erotizados. Nessas obras, as temáticas sofreram alterações significativas de acordo com sua capacidade de aceitação junto ao público.

Além da ausência de amplitudes temáticas do envelhecimento, há escassez de atores idosos na TV. A seguir, um levantamento da quantidade de atores idosos no ar em 2022[36] em telenovelas da TV Globo, emissora líder em audiência. Não há variação significativa de idosos (homens e mulheres) entre telenovelas de diferentes horários, correspondendo esse grupo a uma média de 15% dos *castings*.

---

36 Foi escolhido o ano de 2022 como recorte temporal, já que um levantamento maior acarretaria em desvio do foco do trabalho. E em 2022 houve normalização das gravações após a interrupção provocada pela pandemia de covid-19.

Elenco idoso das telenovelas em 2022

Novela	Casting	Atores idosos e idades*
Além da ilusão (de 6 de fevereiro de 2022 a 19 de agosto de 2022), escrita por Alessandra Poggi, de 48 anos	41 atores, sendo **5** idosos e **2** idosas	Atrizes: Arlete Salles – 79 anos (1942); Vera Holtz – 68 anos (1953) Atores: Lima Duarte – 91 anos (1930); Emiliano Queiroz – 86 anos (1936); Paulo Betti – 69 anos (1952); Marcos Breda – 61 anos (1960; e Antônio Calloni – 60 anos (1961)
Quanto mais vida melhor! (de 22 de novembro de 2021 a 27 de maio de 2022), escrita por Mauro Wilson, de 63 anos	35 atores, sendo **4** idosos e **1** idosa	Atriz: Jussara Freire – 71 anos (1951) Atores: Marcos Caruso – 70 anos (1952); Cândido Damm – 66 anos (1955); Tato Gabus Mendes – 61 anos (1960); Gillray Coutinho – 60 anos (1961)
Um lugar ao sol (de 8 de novembro de 2021 a 25 de março de 2022), escrita por Lícia Manzo, de 56 anos	43 atores, sendo **5** idosos e **2** idosas	Atrizes: Regina Braga – 76 anos (1945); Marieta Severo – 75 anos (1946) Atores: Luiz Serra – 84 anos (1937); Antônio Pitanga – 82 anos (1939); José de Abreu – 75 anos – (1946); Daniel Dantas – 67 anos (1954); Fernando Eiras – 65 anos (1957)
Pantanal (de 28 de março de 2022 a 7 de outubro de 2022), adaptada por Bruno Luperi, de 36 anos	33 atores, sendo **3** idosos e **1** idosa	Atriz: Selma Egrei – 73 anos (1949) Atores: Osmar Prado – 74 anos (1947); Almir Sater – 65 anos (1956); Leopoldo Pacheco - 61 anos (1960)
Cara e coragem (de 30 de maio de 2022 a 13 de janeiro de 2023), escrita por Claudia Souto, de 50 anos	35 atores, sendo **1** idoso e **1** idosa	Atriz: Guida Vianna – 67 anos (1954) Ator: Leopoldo Pacheco – 61 anos (1960)
Mar do sertão (de 22 de agosto de 2022 a 17 de março de 2023), escrita por Mario Teixeira, de 54 anos	35 atores, sendo **3** idosos e **0** idosa	Atores: José de Abreu – 76 anos (1946); Everaldo Pontes – 67 anos (1955); Cosme dos Santos – 66 anos (1955)

| Travessia (de 10 de outubro de 2022 a 5 de maio de 2023), escrita por Glória Perez, de 73 anos | 35 atores, sendo 3 idosos e 3 idosas | Atrizes: Ana Lucia Torre – 77 anos (1945); Cássia Kis – 64 anos (1958); Luci Pereira – 62 anos (1960) Atores: Marcos Caruso – 70 anos (1952); Raul Gazolla – 67 anos (1956); Humberto Martins – 61 anos (1961) |

Fonte: Levantamento do autor. *As idades correspondem à data de estreia da novela.

Quanto à produção cinematográfica, verifica-se a existência de mais produções que utilizam a velhice como tema central, em diferentes propostas de abordagem, incluindo o protagonismo de atores idosos. Pensando a partir da retomada de produções no cinema brasileiro, de 1994 a 2010, o melhor ano do cinema nacional naquele período (quando se alcançou a marca de 22,3 milhões de ingressos vendidos) – e sem a pretensão de dar conta de toda a filmografia baseada nessa proposta –, citamos algumas dessas obras que tiveram significativo alcance de público e visibilidade midiática: *Veja essa canção* (1994, de Cacá Diegues), *Felicidade é...* (1995, de José Pedro Gulart, A. S. Cecílio Neto, José Roberto Torero e Jorge Furtado), *Oriundi* (2000, de Ricardo Bravo), *Copacabana* (2000, de Carla Camurati), *Deus é brasileiro* (2003, de Cacá Diegues), *O outro lado da rua* (2004, de Marcos Bernstein), *Chega de saudade* (2008, de Laís Bodanzky), *A guerra dos Rocha* (2009, de Jorge Fernando) etc.

Nessas produções cinematográficas, o protagonismo narrativo segue a tendência de caracterizar uma velhice de classe média, moradora de grandes centros urbanos, atrelada a núcleos familiares heteronormativos e representada por atores brancos. Os filmes citados trazem, em sua maioria, como elementos temáticos, a solidão e a dependência emocional como parte indissociável da velhice – representada em sua totalidade por homens heterossexuais e brancos.

A pluralidade à qual nos referimos precisa ser exercida, assim, além da construção de outras variáveis de seus enredos, em uma expansão de representações de protagonistas que abarquem a complexa diversidade social no país.

5. A velhice contemporânea sob o olhar de dois Antônios

Em entrevista a este autor, Antônio Pitanga explica como conseguiu se tornar o protagonista do filme *Casa de antiguidades*, de 2020. O ator relata que o diretor João Paulo Miranda Maria não o conhecia pessoalmente, porém "incomodaram-no os burburinhos de que eu não decoro mais texto, não tenho mais os movimentos". Ao marcar um encontro e passearem pelas ruas do Rio, João Paulo percebeu que as pessoas o cumprimentavam por algum trabalho recente. Depois da caminhada, o diretor se convenceu de que o papel deveria ser mesmo de Pitanga.

Foi a percepção do outro sobre si que deu a ele a chance de obter um novo trabalho (ou um personagem), e também foi a percepção a respeito do ator interagindo com o seu redor que conferiu ao diretor a certeza de que o papel protagonista deveria ser para ele destinado. O conhecimento do corpo é uma atividade em terceira pessoa.

É pertinente pensar na construção linear e lógica de qualquer história, para perceber seus efeitos interpretativos. Conforme Pierre Bourdieu, em seu ensaio *A ilusão biográfica*, trajetória é um registro pautado na sucessão longitudinal de eventos constitutivos da vida considerados como história em relação ao espaço social em que ocorre. A trajetória individual segue a mesma definição da trajetória de um grupo ou sociedade. No caso da trajetória de um ator, é dada a ele a observação de sua existência a partir de acontecimentos e transformações ao longo de determinado tempo.

No rastro da História, perseguir interpretações sobre significados artísticos é uma forma de se compreender o contexto social de determinada época. Interpretá-los à luz da vida de quem os fez é um dos meios mais lídimos da aproximação com tal realidade. Por isso, nossa opção por comparar, neste capítulo, nuances de representações masculinas idosas contemporâneas a partir da vida de dois dos atores brasileiros de maior contribuição artístico-cultural ao país: os Antônios Pitanga e Fagundes.

Antônio Pitanga primeiramente foi Antônio Luiz Sampaio, assim batizado em Salvador (BA), onde nasceu em 13 de junho de 1939. O sobrenome Pitanga, que também passou a seus filhos, é artístico, adotado após a popularidade de seu personagem no filme *Bahia de todos os santos*, de 1960. Considerado precursor do Cinema Novo, o longa de Trigueirinho Neto trazia o ator, ainda Antônio Sampaio, no papel coadjuvante do malandro Pitanga, irmão de um estivador que, numa greve, reivindica a instalação de um sindicato e acaba morto pela polícia. A história, de forte cunho político, que se passa na Bahia no período da ditadura de Getúlio Vargas, marca a estreia de Antônio no audiovisual. Para fazer valer os votos em seu nome quando disputou uma cadeira na Câmara dos Vereadores do Rio de Janeiro, na eleição de 1992, tornou oficial o sobrenome artístico, já bastante popular e utilizado em várias obras (isso porque, quando o voto era impresso, os eleitores escreveram na cédula o nome de seu personagem famoso, "Pitanga"). Foi vereador pelo PT-RJ entre 1993 e 1996 e se reelegeu para o período entre 1997 e 2000.

Ainda no início de sua trajetória no cinema, Pitanga foi Mestre Coca em *O pagador de promessas*, de 1962, escrito por Dias Gomes e dirigido por Anselmo Duarte – primeiro filme da América do Sul a ser indicado ao Oscar de Melhor filme estrangeiro e o único a ganhar o Festival de Cannes até hoje. Pelas mãos de Glauber Rocha, em *Barravento*, também de 1962, veio seu primeiro protagonista, Firmino Bispo dos Santos. Aliás, o primeiro protagonista negro do cinema nacional. A história acompanha um ex-pescador que volta à aldeia em que foi criado, formada de descendentes de antigos escravizados. Sua missão é livrar o povo do domínio da religião. Em seguida, outro protagonista no cinema, *Ganga Zumba*, em 1964, de Cacá Diegues. O enredo retrata o neto de Zumbi dos Palmares e futuro líder da icônica comunidade alagoana, formada por negros fugidios de fazendas escravocratas.

Entre 1960 e 2022, suas atuações somam 69 filmes, o que dá uma média de mais de uma produção cinematográfica por ano. Na maioria, papéis secundários ou participações. Dirigiu o longa *Na boca do mundo* em 1979, considerado por críticos um marco no cinema negro brasileiro. Na televisão, Pitanga estreou em 1968, na novela *Ana*, dirigida por Fernando Torres na TV Record, numa breve participação. Seu primeiro papel na TV Globo foi em *O homem que deve morrer*, em 1971. Foi e voltou da emissora várias vezes, passando pela TV Tupi, voltando à TV Record, TV Bandeirantes (atual Band), Rede Manchete (já extinta) e TVE. De 1968 a 2022, foram 50 personagens em telenovelas, incluindo *Os ossos do barão*, de 1973; a primeira versão de *A viagem*, de 1975; *Roque santeiro*, de 1985; *Dona Beija*, de 1986; a primeira versão de *Pantanal*, de 1990; e *O rei do gado*, de 1996. Em 1999 fez 60 anos, entrando assim na categoria de idoso. Desde então esteve em 20 filmes e 19 produções televisivas. Destacam-se, entre seus papéis na televisão: *O clone*, de 2001; *Lado a lado*, de 2013; e *Um lugar ao sol*, de 2021.

* * *

Antônio Fagundes nasceu no Rio de Janeiro, em 18 de abril de 1949, mas logo se mudou com os pais para São Paulo. Começou no meio artístico em 1963, aos 15 anos, no teatro, com a peça *A ceia dos cardeais*. Entrou no elenco permanente do Teatro de Arena, de São Paulo, em 1968. Considera *Antônio Maria*, novela de 1968 da TV Tupi, sua estreia na TV, num pequeno personagem e sem nome.

Na emissora, fez novelas como *Mulheres de areia*, em 1973, e *O machão*, no ano seguinte, ambas de Ivani Ribeiro. Nesta segunda teve seu primeiro protagonista, o rude caipira Julião Petruchio. Chegou à TV Globo em 1976 para fazer *Saramandaia*, de Dias Gomes, na qual interpretou Lua Viana, o prefeito de Bole-Bole. Em *Despedida de casado*, faria triângulo amoroso com Claudio Marzo e Regina Duarte ao interpretar Rafael de Castro. Escrita por Walter Durst, a trama foi censurada com cerca de trinta capítulos gravados, e não foi ao ar. Foi com *Carga pesada*, ao fazer o caminhoneiro Pedro (o outro protagonista, Bino, era interpretado por Stênio Garcia), que deslanchou na carreira televisiva.

Fagundes esteve na maioria das principais produções televisivas de sucesso da TV Globo, colecionando protagonistas com variadas nuances interpretativas. Interpretou o diplomata Carlos Eduardo de *Dancin' days*, de 1978; o empresário do ramo de aviação Ivan Meirelles em *Vale tudo*, de 1988; o arqueólogo gago Caio Szimanski de *Rainha da sucata*, em 1990; o inescrupuloso cirurgião-plástico Felipe Barreto em *O dono do mundo*, de 1991; o coronel José Inocêncio em *Renascer*, em 1993; o advogado Otávio César Jordão, no *remake* de 1994 de *A viagem*; o imigrante italiano Bruno/Antônio Mezenga em *O rei do gado*, de 1996; o médico Atílio Novelli em *Por amor*, de 1997; o cafeicultor Gumercindo Telles de Aranha em *Terra nostra*, de 1999; e o líder comunitário Juvenal Antena em *Duas caras*, de 2007.

Com tantos galãs envolventes e vilões carismáticos, icônicos na história da teledramaturgia nacional, Fagundes assim analisa o envelhecimento de seus personagens: "Eu tinha uma brincadeira comigo mesmo que dizia ter uma nostalgia da velhice. O primeiro personagem que fiz no teatro, aos 12 anos, era um personagem de 70, o cardeal Rufo, da peça do Júlio Dantas, *A ceia dos cardeais*. Passei graxa branca no cabelo para envelhecer. Sempre tive a ideia de que com a idade as coisas iam melhorar".

Desde 2009, ao completar 60 anos, Fagundes contabiliza onze produções na emissora, entre elas: o coronel Ramiro Bastos, em *Gabriela*, de 2012; o médico homofóbico César Khoury em *Amor à vida*, de 2013; o coronel Saruê em *Velho Chico*, de 2016; e o editor de livros Alberto Prado Monteiro, em *Bom sucesso*, de 2019. Em 2021, não teve o contrato renovado com a TV Globo e foi convidado para integrar produções no canal de *streaming* da HBO Max. No cinema, estreou em *Sandra Sandra*, em 1968. Foi o ingênuo Chicó em *A compadecida*, no ano seguinte. Atuou em filmes de pornochanchada, como *Elas são do baralho*, de 1976; *A noite dos duros*, de 1978; e *Os sete gatinhos*, de 1980. Também protagonizou *Deus é brasileiro*, de 2003, e compôs o par romântico central em *A dona da história*, de 2004. De 2009 a 2022, contabiliza seis longas; entre eles, *Alemão*, no qual viveu o delegado Valadares, e *O grande circo místico*, como doutor Frederico.

Como qualquer interpretação de identidade atravessa o contexto sociocultural, cultura se constitui como um sistema de representações, uma atividade que consiste em estabelecer os contrastes que fornecem sentido ao mundo. Esse sistema de significações implica a compreensão do outro a partir de um todo, logo qualquer análise interpretativa necessita de contextualização.

Também cabe fazermos um interrogatório das imagens às quais os Antônios Pitanga e Fagundes foram autorizados (e se autorizaram) a interpretar, na avaliação de possíveis alterações da velhice masculina contemporânea. Num comparativo do volume de produções audiovisuais de ambos os atores, que incluem trabalhos no cinema e na televisão desde suas respectivas estreias até 2022, percebe-se que, ainda que Antônio Pitanga tenha estreado no cinema oito anos antes de Antônio Fagundes, e eles tenham uma diferença de dez anos na idade, o volume de trabalhos da trajetória artística de ambos é bastante semelhante.

Pitanga e Fagundes estrearam na televisão no mesmo ano, 1968, e seguem em atividade ainda hoje. O número de trabalhos no cinema do primeiro é de 69 filmes, o segundo tem 51. As produções na televisão também quase se equiparam: Pitanga com 50 e Fagundes com 53.

Após completar 60 anos, em 1999, Pitanga realizou mais filmes (20 até 2022) do que Fagundes (com seis, desde 2009). Já na televisão, Fagundes tem 25 trabalhos contra 19 do colega de profissão desde que entraram na categoria idoso. Porém, quando se analisa a quantidade de protagonistas no audiovisual, percebe-se uma significativa diferença: no cinema, Fagundes tem destaque em dez produções – *A compadecida* (1969), *Vida dos duros* (1978), *Os sete gatinhos* (1980), *Barbosa* (1988), *O corpo* (1991), *Doces poderes* (1996), *Bossa nova* (2000), *Villa-Lobos – uma vida de paixão* (2000), *Deus é brasileiro* (2002) e *A dona da história* (2004). E Pitanga teve seis protagonistas – *Bahia de todos os santos* (1960), *Barravento* (1962), *Ganga Zumba* (1963), *Chico rei* (1985), *Quilombo* (1984) e *Pitanga* (2017). Em narrativas ficcionais na televisão, Fagundes tem 21 papéis centrais – *O machão* (1974), *Despedida de casado* (1977), *Carga pesada* (1979 e 2003), *O dono do mundo* (1991), *Renascer* (1993), *A viagem* (1994), *O rei do gado* (1995), *Por amor* (1997), *Terra nostra* (1999), *Porto dos milagres* (2001), *Esperança* (2002), *Duas caras* (2007), *Tempos modernos* (2020), *Insensato coração* (2011), *Gabriela* (2012), *Amor à vida* (2013), *Meu pedacinho de chão* (2014), *Velho Chico* (2016) e *Bom sucesso* (2019); Pitanga, nenhum papel central.

É sabido que uma trajetória artística é composta por diversas nuances, que vão além dos aspectos de formação profissional. A rede de contatos, a disponibilidade de mudanças e viagens em determinado momento da vida, as características físicas que ajudam a compor o personagem requerido, entre outros, permitem que um ator esteja mais "apto" do que outro para exercer aquele papel desejado.

No caso da indústria audiovisual brasileira, em específico a televisão, pelo alcance de público e faturamento, há uma maior possibilidade de trabalho dada a atores brancos. Essa questão alerta para o problema da representação do que seria o típico brasileiro comum – estética produzida pela persistência da ideologia do branqueamento cultural, oriundo de um discurso construído no século XIX e reativado diariamente na preferência de atores brancos para papéis de galãs e mocinhas. E mais: como se dá a representação da velhice em papéis dos referidos atores e a compreensão das temáticas nas narrativas audiovisuais?

A definição de etapas da vida do homem está relacionada a transformações socioeconômicas, ocasionadas na transição de economia doméstica para economia industrial e de mercado, acentuada por transformações do século XVIII. Tudo isso, evidentemente, em um jogo de dominação de representações. O mundo social tende a ser palco constante de lutas simbólicas pelo reconhecimento de identidades. Desse modo, o audiovisual deve ser compreendido como instrumento de imposição de representações que auxilia a legitimação dos princípios da realidade social. Ao se induzir determinado modelo de velhice masculina, por exemplo, também se impõe uma vantagem de certo grupo. A representação desse homem envelhecido por imagens e sons somatiza elementos que nos possibilitam entender para que tipo de dominação devemos atentar.

A seguir, compara-se a trajetória dos dois Antônios na velhice, na análise de seus personagens na televisão e no cinema, levando-se em consideração os trabalhos (incluindo participações especiais) de Pitanga a partir de 1999 e de Fagundes de 2009 em diante, quando, respectivamente, completaram 60 anos.

Papéis dos dois Antônios no cinema e na TV

ANO	CINEMA	TELEVISÃO
1999	Pitanga – *Mauá – o imperador e o rei* (Valentim) Fagundes – ***	Pitanga – *Louca paixão* (delegado Dantas) Fagundes – ***
2000	Pitanga – *Villa-Lobos, uma vida de paixão* (Joaquim); *A terceira morte de Joaquim Bolívar* (Timóteo) Fagundes – ***	Pitanga – *O cravo e a rosa* (capitão João Manoel) Fagundes – ***
2001	Pitanga – não atuou Fagundes – ***	Pitanga – *A turma do Pererê* (Seu Nereu); *O clone* (malandro Tião) Fagundes – ***
2003	Pitanga – *Garotas do ABC* (Aurélio de Souza); *Apolônio Brasil, o campeão da alegria* (Coice) Fagundes – ***	Pitanga – *Celebridade* (comandante Roberto); *Agora é que são elas* (Ezequiel) Fagundes – ***
2006	Pitanga – *Mulheres do Brasil* (-); *Zuzu Angel* (Policial) Fagundes – ***	Pitanga – não atuou Fagundes – ***
2007	Pitanga – *O homem que desafiou o diabo* (Preto velho) Fagundes – ***	Pitanga – *Amazônia – de Galvez a Chico Mendes* (Alcedino) Fagundes – ***
2008	Pitanga – não atuou Fagundes – ***	Pitanga – *Mutantes – caminhos do coração* (Newton Carvalho); *Casos e acasos* (Dr. Carlos); *Faça sua história* (José Bonifácio) Fagundes – ***
2010	Pitanga – *Bom dia, eternidade* (Calunga) Fagundes – não atuou	Pitanga – *A turma do Pererê* (Seu Nereu); *SOS emergência* (Antônio); *Cama de gato* (Miguel) Fagundes – *Tempos modernos* (Leal Cordeiro); *As cariocas* (Oscar ou Cacá)
2011	Pitanga – *Eu receberia as piores notícias dos seus lindos lábios* (Pastor Isaías) Fagundes – não atuou	Pitanga – não atuou Fagundes – *Insensato coração* (Rui Brandão)

2012	Pitanga – *O grande Killapy* (pai de Joãozinho) Fagundes – não atuou	Pitanga – não atuou Fagundes – *Gabriela* (coronel Ramiro Bastos)
2013	Pitanga – *Vendo ou alugo* (Seu Capô) Fagundes – não atuou	Pitanga – *Lado a lado* (Túlio); *Malhação* (Jozino de Souza) Fagundes – *Amor à vida* (médico César Khoury)
2014	Pitanga – não atuou Fagundes – *Alemão* (delegado Valadares); *Quando eu era vivo* (Sênior)	Pitanga – *Acerto de contas* (Negativo) Fagundes – *Meu pedacinho de chão* (Giácomo Brunneto)
2015	Pitanga – não atuou Fagundes – não atuou	Pitanga – não atuou Fagundes – *Tá no ar: a TV na TV* (dançarino do Menudo)
2016	Pitanga – não atuou Fagundes – *Para salvar Beth* (Sr. Afonso)	Pitanga – *Lili, a ex* (Seu Ancelmo) Fagundes – *Velho Chico* (coronel Saruê)
2017	Pitanga – *Pitanga* (ele mesmo) Fagundes – não atuou	Pitanga – não atuou Fagundes – *Dois irmãos* (Halim)
2018	Pitanga – *Riscados pela memória* (dono da loja de vinis); *Bandeira de retalhos* (-); *Possessões* (Pai Joaquim); *Correndo atrás* (Otelo) Fagundes – *O grande circo místico* (doutor Frederico); *Contra a parede* (Cacá Viana)	Pitanga – *Sob pressão* (Seu Fernão) Fagundes – não atuou
2019	Pitanga – não atuou Fagundes – não atuou	Pitanga – não atuou Fagundes – *Bom sucesso* (editor Alberto Prado Monteiro)
2020	Pitanga – *Casa de antiguidades* (Cristovam) Fagundes – não atuou	Pitanga – não atuou Fagundes – não atuou
2021	Pitanga – *Um dia com Jerusa* (Sebastião) Fagundes – *Mise en scène: a artesania do artista* (ele mesmo)	Pitanga – *Um lugar ao sol* (Gesiel) Fagundes – não atuou
2022	Pitanga – *Aos nossos filhos* (Rodrigo) Fagundes – não atuou	Pitanga – não atuou Fagundes – não atuou

Fonte: Levantamento do autor. *** Não é indicado, pois o ator ainda não completara 60 anos.

Como se percebe, são carreiras que, mesmo na velhice, se mantêm constantes nas produções audiovisuais. Os Antônios Pitanga e Fagundes são dois dos atores brasileiros que mais atuaram na televisão e no cinema, contribuindo com a representação de personagens singulares na memória afetiva do espectador. Ao completarem 60 anos, ambos seguiram em atividade artística e, portanto, como vozes atuantes na sociedade.

A seguir, veja como o audiovisual brasileiro se comporta diante dos aspectos da velhice masculina, e de que forma a representação é atravessada pelos dilemas da sociedade brasileira – caracterizada por pluralidade cultural e forte desigualdade social.

5.1. Um velho em *Bom sucesso* e outro na *Casa de antiguidades*

A erotização do olhar, o olhar da vigilância, o olhar que julga, os olhos fechados para o que não se quer ver, a possibilidade de cruzar olhares em consonância de pensamentos e até o olhar que interpreta emoções estão intrinsecamente ligados à percepção de uma sociedade imagética, que escalona grupos como mais e menos visíveis na mesma aferição do que seriam grupos mais e menos importantes. Procura-se no olhar do outro o reconhecimento para si próprio, como também se procura trazer ao olhar de si próprio o que lhe é semelhante.

Em narrativas audiovisuais ficcionais é comum que os personagens se popularizem no momento em que passam a ser identificados com figuras reais, juntamente com o contexto no qual se impregna de problemas contemporâneos. É a partir dessa familiaridade de olhares que a produção televisiva adquire caráter de verossimilhança com a realidade, operando a sinergia entre o real e o imaginário, tornando-o homogêneo. Nesse âmbito, são múltiplas as possibilidades de abordagem da velhice masculina, assim como também são múltiplas as formas como essa categoria é trabalhada na narrativa audiovisual.

As representações (linguísticas, sonoras ou imagéticas) mostram como as pessoas veem e como se veem no mundo, além de como se comunicam umas com as outras. Os discursos (textuais ou imagéticos) são impregnados pelo meio em que foram criados, o que também se aplica, por exemplo, às fantasias literárias ou às narrativas televisivas. Se esses produtos culturais reproduzem aspectos do meio em que se constituíram, é natural que ofereçam perspectivas sobre determinadas sociedades. É por meio desses produtos que as pessoas aprendem a se relacionar umas com as outras, a se portar em comunidades e a se entender como sujeitos sociais.

Não se dissocia a sociedade na qual se vive do indivíduo que só se percebe como tal por ser um agente participativo dessa mesma sociedade, ou, ainda, a compreensão do que se é passa pela visão do que os demais veem sobre si. A produção audiovisual tende a obedecer a lógicas de entendimento do ser social, reproduzindo estereótipos que não violem temáticas preservadas no controle da realidade. A sexualização do corpo idoso ou ainda a abordagem da possibilidade de descoberta da homossexualidade do indivíduo masculino na velhice, por exemplo, são temáticas que se mantêm preservadas, quase intactas e inutilizadas nas produções audiovisuais, por instigarem pensamentos que corroem a compreensão preservada da histórica hegemonia masculina. Uma hegemonia, frisa-se, baseada em valores heteronormativos.

O belo e o feio, o magro e o gordo, o alto e o baixo, o feminino e o masculino, o jovem e o velho são construções sociais que atendem a interesses em constante disputa, negociações e, por isso, adaptações. A interpretação sobre os trabalhos dos Antônios Fagundes e Pitanga passa também por compreender o contexto no qual foram realizados e no qual se assiste a eles. A disputa pela manutenção de um controle masculino e jovem ainda não permite, até aqui, a popularização de temáticas para a compreensão de velhices. Carecendo de abordagem heterogênica, a velhice masculina encontra convergência de temas nas produções audiovisuais.

Modelos de masculinidade idosa atravessam a recolocação da fragilidade como ponto de redescoberta da vida, além da possibilidade de se vivenciar sentimentos antes reprimidos e nunca externados. De forma geral, os personagens se apresentam, antes disso, como "valentes", "fortes", "tradicionais", para, só com o desenrolar das histórias, se encontrarem com suas carências particulares e dramas pessoais.

A masculinidade é um fator que sempre pondera a ação dramática da maioria dos personagens, a partir de valores baseados em performances de virilidade e força. Para exemplificar esta afirmação, a seguir a descrição de uma cena da novela *Amor à vida*, da TV Globo, de 2013, na qual César (Antônio Fagundes) rejeita Félix (Mateus Solano) ao descobrir que o filho é gay. Os dois travam o seguinte diálogo no escritório do médico:

Félix – Pai... Pai...
César – Você tem coragem de me chamar de pai?
Félix – Eu te chamo de pai porque você é meu pai.
César – Eu sou seu pai. Você carrega o meu nome. Isso me enche de vergonha!
Félix – O mundo mudou, *papi*.
César – Não me chame de *papi*. Eu odeio esses seus trejeitos. Eu via você falando *papi*, *mami* poderosa. Eu achava que isso fazia parte do seu jeito brincalhão. Meu Deus! Como eu não enxergava? Todo mundo fazia comentários [...]. Eu não posso negar, sempre achei que você tinha uma certa tendência, mas achei que você ia superar. Você casou, teve filho. Agora a sua própria mulher vem atirar a verdade na nossa cara. [...] Ninguém poderia acabar com a nossa família, a não ser você, Félix. Você!
Félix – Pai, por favor, você já traiu mamãe com outras mulheres. Inclusive o caso da Paloma.
César – Não! Não fale da Paloma, por favor, não coloque a Paloma nisso. Sim, eu não nego. Eu tive muitas mulheres, sim. Porque, para um homem com H maiúsculo como eu, isso acontece. Antes de conhecer sua mãe, eu tive as mulheres que eu quis. Depois de casado, eu tive minhas aventuras, eles me chamavam de garanhão! Como você quer que me sinta, Félix? Sabendo que meu filho é tudo, menos um garanhão. Eu, César Khoury, tenho um filho gay (*aos gritos*)!
Félix – Eu tentei superar, pai, eu tentei! É mais forte que eu. Sempre me senti diferente. Na escola os meninos já zombavam de

mim. Jamais na vida imaginei que casaria um dia, porque olhava para uma mulher e tinha medo de não conseguir... Acho que foi um golpe de sorte!
[...]
César – Se sua mulher se descontrolou, é porque ela sentiu falta de um homem de verdade.
Félix – Isso é mentira. Eu sempre fiz Edith feliz na cama. Talvez, ultimamente, porque reencontrei esse amigo, tenha me descuidado da minha vida conjugal.
César – Você está disposto a mudar?
Félix – Pai, eu nunca quis ser como eu sou. Eu não sou capaz!
César – Pois vai ter que ser. Ou eu coloco você pra fora do hospital.
Félix – O quê?
César – Eu nunca vou suportar o deboche dos meus amigos. Filho de César Khoury é gay! O que é pior. Você sem mulher, sem filho, vai soltar a franga.
Félix – Eu sou discreto!
César – Tão discreto quanto um destaque de escola de samba! Já sei o que você vai fazer. Você vai reconquistar sua mulher, vai viver como um homem de bem.
Félix – Pai, por favor... Todos me apoiam, eu estou me sentindo mais leve. Estou até me sentindo um homem melhor.
César – Ser um homem melhor? Como?
Félix – Sem ter que levar uma mentira a vida toda. Sendo feliz, senti que poderia ter uma vida melhor.
César – Melhor, pra mim, é não ter um filho gay.
[*Félix começa a chorar.*]
César – Ah, me faça um favor. Ao menos na minha frente e na frente dos outros também, pare de chorar igual uma mocinha desprotegida. Aja como um homem! [*Sai do escritório, bate a porta e deixa o filho em prantos.*]

Fica evidente que César entende masculinidade dentro do caráter da virilidade e da constituição familiar padronizada na heteronormalidade. "Você casou, teve filho", diz o médico, tentando justificar que o filho pudesse estar enganado em se assumir gay. A infidelidade está na fácil aceitação desse "patriarca" (termo utilizado na sinopse) que pode tudo, até quebrar pactos firmados com sua mulher. César diz que "para um homem com H maiúsculo [...], isso acontece". Na sequência, se vangloria de ser chamado de "garanhão" pelos amigos, já que, mesmo casado, teve suas "aventuras" extraconjugais. Irrita-se ao saber que o filho não seguiria o mesmo modelo de atuação: "Como você quer que me sinta, Félix? Sabendo que meu filho é tudo, menos um garanhão". O personagem paterno se culpabiliza pelo que a sociedade pode dizer sobre o fato de não ter um filho que corresponda aos mesmos atos que os seus.

Também se evidencia que os valores dessa masculinidade se concentram na performance sexual, quando César culpa o filho por não ter sido "um homem de verdade", termo que reforça os estereótipos heteronormativos. Isso faz supor que exista também um contraponto, o "homem de mentira", que não carrega significados de masculinidade.

No diálogo descrito, César pondera, mais de uma vez, que o pior não é ter um filho gay, mas supor o que os outros possam pensar: "Eu nunca vou suportar o deboche dos meus amigos". É a observação de terceiros que constituem ameaça à identidade. Ao término da cena, ele dá um ultimato, cortando-o com rispidez, ao exigir que pare de "chorar igual a uma mocinha desprotegida". A ordem para que "aja como um homem" reforça que a masculinidade tradicional não permite demonstração de fragilidade, associada ao feminino. César só se redime desse amálgama de preconceitos ao final da novela, ao precisar dos cuidados e da benevolência do filho que rejeitou, sendo quem o acolhe e o aceita em sua casa. A fragilidade da velhice é a única maneira capaz de fazê-lo rever seus conceitos que permearam a trama.

Além de César em *Amor à vida*, outros trabalhos marcantes de Fagundes são construídos na mesma lógica, inseridos na construção familiar, na qual homens transmitiram saberes a seus filhos. Na novela *Bom sucesso*, ao viver Alberto Prado Monteiro, o dono de uma editora, sempre rodeado de livros, congrega simbolismos da construção de um homem idoso particularmente diferenciado, que mantém o controle da masculinidade que não se dissolve na velhice (não pela força, mas pela sabedoria). Ele se prepara para a morte desde o primeiro capítulo. O espectador sabe, de início, que o protagonista tem uma doença terminal e que seus dias estão contados. A morte poderia ser um elemento de repulsa a esse homem, mas não. *Bom sucesso*, de Rosane Svartman e Paulo Halm, é um raro exemplo teledramatúrgico no qual se percebe a velhice totalmente integrada à narrativa, e não em um lugar de deslocamento. Alberto é o eixo central.

A representação da velhice masculina mantém poder sobre os demais, já que sua figura pontua o núcleo familiar. A construção dessa velhice é a de um homem que não sai de cena, apenas deixa o foco central, abrindo mão de sua posição com o decorrer dos acontecimentos da narrativa. Mas, ainda assim, tem um porto seguro, pois construiu laços e os manteve sob seu domínio.

Sendo fazendeiro, médico ou empresário, os personagens de Fagundes dialogam com a ideia de uma velhice branca bem orquestrada, administrada por conquistas diversas ao longo da vida, que ainda se garante em alguns substratos sociais superiores a ocupar.

E quanto aos personagens de Pitanga? A masculinidade do malandro Tião da novela *O clone*, de 2001 (o típico malandro que vive passando a perna na dona Jura), por exemplo, é no âmbito do exercício de sua sexualidade. Assim como o operário Cristovam do filme *Casa de antiguidades*, de 2020 (operário desprezado na empresa por ser considerado velho, e na comunidade em que vive, por ser negro)[37], expõe seus saberes como forma de conduzir ações de valentia e resistência. Entretanto, raramente os personagens idosos negros estão inseridos em núcleos familiares. Na ausência de filhos, eles não comportam todos os graus da masculinidade heteropatriarcal que reforçam domínios através de herdeiros, que seguirão igual caminho.

---

37 Cristovam sai do interior em busca de melhores condições de trabalho no sul do Brasil, onde passa a trabalhar numa fábrica de laticínios. Mas o contraste cultural e étnico provoca no ex-vaqueiro um processo de solidão e perda de identidade. O ambiente conservador e violento o distancia da sua realidade.

A afrovelhice não traz elementos familiares comumente assimilados nas produções audiovisuais com personagens brancos, estando quase sempre isolada, sem familiares, em lugares de difícil acesso ou em situações de precariedade. Não há um núcleo para se habitar. A representação, também neste caso, reforça a disforme distribuição de renda do brasileiro, a histórica desigualdade social que ainda precisa ser quebrada e o acesso desigual a bens de consumo. São problemas socioeconômicos que, no caso brasileiro, se reúnem em aspectos de cor. Não é uma velhice que não se preocuparia, por exemplo, com a homossexualidade do filho (como César em *Amor à vida*), mas, em contrapartida, se exaltam questões de ordem econômica e social que deixam de lado qualquer outro aspecto. O malandro, o operário, o catador de papelão e até a entidade religiosa são figuras que permeiam os estereótipos para uma negritude alocada na representação de invisibilidade nessas narrativas, papéis menores na hierarquia da sociedade capitalista.

São personagens sem amarras, que evidenciam a velhice num isolamento mais forte do que se vê em personagens brancos, na ausência de espaço e possibilidades dramáticas. O que define as temáticas é a condição social dos personagens, dando verossimilhança com a realidade brasileira – onde idosos brancos têm mais oportunidades do que idosos negros. E sendo a questão social relacionada à cor, se repetem certas convenções. Quando a representação audiovisual reforça distanciamentos para dialogar com a realidade, está a serviço da manutenção de uma ordem social, na qual não se enxerga a velhice negra em outro lugar de ocupação, a não ser aquela que é restrita a um nicho e a determinadas temáticas.

A masculinidade se faz presente na sua concepção, em diferentes escalas de construção narrativa. Mas é preciso também entender que essa masculinidade enquanto idosa continua a comportar signos apaziguados numa desigualdade de vivências entre brancos e negros. Não é comum se assistir a médicos negros idosos, assim como não se evidencia um catador branco idoso. A manutenção de certas representações tem a ver com o espelhamento social que os autores imprimem em suas obras, na necessidade de dialogar com a audiência dentro de normas facilmente identificáveis. Portanto, os modelos de masculinidade idosa, ainda que carreguem características similares na compreensão do que é ser "homem", reforçam diferenças entre si.

São indissociáveis de qualquer representação da velhice as discussões de padronização. Em particular, modelos de masculinidade envelhecida são representados, em sua maioria, por um aspecto espacial muito determinante de suas habilidades e/ou fraquezas (quando já não tão operantes).

Isso porque: a) As relações amorosas são concebidas, quase sempre, do ponto de vista de uma conquista que lhe permitirá perpetuar valores e bens conquistados ao longo da vida; b) O poder antes ocupado, agora dizimado a lugar transitório e coadjuvante, se mantém em resquícios de comando (seja através de uma empresa erguida ou por sabedoria acumulada); c) A morte representa ruptura da existência, mas abre possibilidades de reviravolta para os demais de seu grupo. Nunca é uma morte em vão.

A velhice masculina é representada, portanto, pelo rastro de um comando de outrora, do qual se extraiu posição superior aos demais grupos – femininos, entre eles. O homem idoso – branco ou negro – não está mais no comando da ação, mas ainda assim é galgado a uma representação que traz junto elementos requisitórios da demarcação de um gênero. É quando, aliás, se percebe a equiparação que sobressai ao fator cor.

O idoso não deixa de ser homem, no sentido do vislumbre experimentado em um poder – o que se evidencia tanto nos trabalhos de Pitanga quanto nos de Fagundes. Seus personagens têm em comum, como demarcação de gênero, o rastro de poder que a masculinidade lhe permitiu exercer como existência social. A velhice não apaga esse comando, mesmo que ele já não seja mais centralizado em sua pessoa. É a impossibilidade de recuperação desse *status* (e consequente deslocamento ocupacional) que abre brechas para aprofundamento do que esse homem pode contribuir para a ação narrativa ficcional.

No comparativo geral entre os trabalhos dos Antônios, se evidencia que, para Fagundes, há uma maior gama de personagens que representam uma definição central de masculinidade, firmada na manutenção de um poder quase intocável – poder que é passado adiante para herdeiros, filhos, família. É a reprodução de modelos de masculinidade ocidental e branca. Sua autoridade está construída em núcleos bem definidos, em profissões tidas com certo *status* social, em objetivos claramente traçados no arco dramático das produções. Em contraposição, para Pitanga, há uma representação de homens idosos que permeia, principalmente na televisão, o escracho e o humor em núcleos coadjuvantes. Portanto, a tipificação etária se relaciona à questão étnico-racial, com mais espaço e possibilidades de abordagem para personagens brancos.

A diferença entre os trabalhos dos dois Antônios é marcada pelo racismo estrutural que vigora na sociedade brasileira, imputando valores diferentes ao branco e ao negro, o que não se debilita na velhice.

5.2. A sociedade sob ameaça, o idoso sob vigília

Os efeitos da passagem do tempo sobre o corpo humano são consciência da narrativa da História, o que permite assegurar interpretação da ação humana sobre dados registrados e, assim, vividos. Ou seja, o tempo se comprova na visualidade da velhice "estampada" nos corpos. Isso porque, desde nossos ancestrais não humanos, a vida sempre seguiu igual curso, do nascimento à morte, independentemente da consciência dos homens. Mas a organização desse processo só foi possível quando a humanidade passou a desenvolver o símbolo regulador do ano, o calendário.

Valores atuais de hierarquização social se baseiam na capacidade produtiva do indivíduo, evidenciando que são esses agentes os responsáveis por manterem a regência da ordem e do poder patriarcalizado no eixo masculino. Em sua maioria, a representação masculina passa por valores que enaltecem a capacidade individual de gerenciar grupos (família, empresa, setor público, sociedade etc.). Já vimos também que na velhice esse gerenciamento não conversa com o que se espera do agente "homem", tanto porque não se percebe força, quanto porque sua virilidade é conotada por significados precários. O deslocamento de sentidos é marcado pela busca de outras razões de existência.

Regimento de sociedades contemporâneas, o modelo neoliberal (doutrina que retoma ideais do liberalismo clássico ao recomendar a mínima intervenção do Estado, garantindo a autorregulação social pela ordem econômica privada focada na produtividade) não suporta a possibilidade de representação tangível com a realidade que abarque o idoso fugido do sentido de inferioridade. A ruptura desse modelo causa inicialmente estranhamento, e depois medo, já que contraria a percepção de uma velhice que existe para ceder espaço ao novo, aos futuros protagonistas em suas "plenas capacidades".

É assim que se perpetua a representação do idoso – o indivíduo que já não pode trabalhar, que já não pode namorar, que já não pode fazer sexo ou redescobrir sua sexualidade, que não pode tomar decisões sozinho, que não deve dar opinião em assuntos determinantes para um grupo, entre outros. A modernidade prega uma vida social na qual, como se explorou ao final do primeiro capítulo, o descarte é necessário. Jovem e velho não coexistem no mesmo espaço, não dialogam em graus semelhantes de hierarquia e, por fim, não contribuem para viver e construir uma sociedade melhor para ambos. O velho já não é dessa sociedade.

Se porventura o velho se mantém na posição de liderança, todo o modelo de produtividade insana (só se produz porque há descarte) pode estar sob ameaça. Na lógica capitalista, esse emprego simbólico de existência se dá também no trabalho ou na família. Abrir espaço ao novo é manter a funcionalidade da "fábrica de produção de idosos", dando-lhe razão de existência. A valorização do idoso, portanto, causa fissura na aparentemente inabalável sustentação de um sistema marcado pelo que é inquestionável no (que se espera do) masculino: sua capacidade de liderar a ação. Põe-se o idoso sob constante vigília, no signo da invisibilidade, para assegurar que as "roldanas" operacionais da "fábrica" se mantenham a girar.

Nesse sentido, outra vez recorramos a Antônio Pitanga, que, a este autor, declarou: "Minha luta sempre foi essa, contra a invisibilidade. A minha postura já te convence de que estou pronto para lutar. Estou na arena, estou vivo! Armazenei tudo isso em vida. A velhice me dá isso, de olhar no retrovisor e dizer: 'Tem valido a pena ter essas andanças'. São culturas de entendimento da velhice. Talvez entre os brasileiros a ideia predominante de velhice seja a de uma cultura nórdica. O pai da minha mulher, Benedita da Silva, morreu com 107 anos, conversando, discutindo. Um dia a máquina parou. O cara veio do roçado, do Norte. É o estado de espírito que te leva a ser ou não velho".

Pitanga defende inúmeras possibilidades de interpretação da velhice, reforçando que, entre elas, existe predominantemente no país uma velhice como a de países colonizadores ("uma cultura nórdica"), a que é facilmente descartada. E, na sequência, ele exemplifica com um contraponto, a velhice do seu sogro, um homem que viveu 107 anos mantendo as faculdades mentais ("conversando, discutindo"). Se sua luta é contra a invisibilidade, a luta é contra o sistema que rege a sociedade. Se sua luta é contra uma velhice decrépita e incapacitada, a luta é pela manutenção de uma existência, mesmo que contrariando o que esperam de si.

A velhice masculina compreende o que chamamos de "inutilidade produtiva" – inutilidade, porque carece de funções protagonistas; produtiva, porque ainda assim ela serve para algo (marcar a abertura de lacunas a serem preenchidas por "novos" protagonistas). Deixando de manter o idoso sob vigília e descenso, no entendimento neoliberal, a sociedade está sob ameaça. A representação da velhice masculina marca quanto essa "inutilidade produtiva" é eficaz para a manutenção de uma crença na sempre vindoura modernidade. É o que move as engrenagens da máquina de fazer velhos.

Antônio Fagundes compreende a velhice em sua coleção de vivências que formam uma trajetória. Incomodado com a sociedade que não preza pelos mais velhos, o ator afirma que o imaginário social que valoriza a juventude se sustenta por representações nas matrizes culturais. Como ator (e branco), a seu favor, Fagundes diz que a profissão o ajuda, pois "sempre terá um velhinho bruxo para eu fazer". O mesmo não parece fazer sentido para o outro Antônio, que carrega o fator de cor como limitador profissional. Sobre a pouca representatividade de negros na TV, Pitanga destaca o percentual "de quase zero negros [na televisão]". Seria antes racismo estrutural do que etarismo, já que não coleciona protagonistas com regularidade, comparando-se com o colega de profissão.

A respeito da ausência de mais protagonismo negro nas produções audiovisuais, Pitanga recorda seu primeiro papel de destaque no cinema, em *Barravento*, de 1962. Na época do filme, "o Brasil não tinha nem 60 milhões de habitantes, hoje nós temos 212 milhões. Qual é o percentual de atores negros que você vai colocar? Por isso a conta não fecha, nós somos a maioria. Tenho saudade do futuro, está vendo? Saudade dos tempos ainda não vividos. Tenho saudade do futuro porque é o futuro que eu viverei".

Ainda que não cite diretamente o etarismo, que provoca diminuição de oportunidade de personagens – que se percebe em quase todo tipo de atuação profissional, Pitanga reforça o racismo como marca de uma experiência civilizatória. Ou seja, o ator negro idoso, tal como o cidadão em geral, antes de lidar com o preconceito da idade, já lida com o preconceito de cor. Na sua visão, a pouca discussão sobre a escassez de oferta de trabalho para atores negros ainda é uma realidade por se acreditar na falácia da democracia racial, o que cria ideia de igualdade que, na prática, não é real. Ainda assim, sua trajetória segue o ritmo do tempo presente. "Essas composições me dão a grandeza de entender o que é andar, andar e envelhecer. Ter a cabeça iluminada com sede de entender que o meu tempo não é ontem. É hoje! Não tem 'na minha época era assim'. Eu vivi aquela época, mas vivo esta também."

A saudade do futuro de Pitanga encontra eco no que Fagundes chama de "nostalgia da velhice". O ator reforça que os mais velhos têm "mais conflitos, por isso sempre tive nostalgia da velhice, sempre gostei dos desafios daqueles personagens que não eram unilaterais". A nostalgia da velhice, para Fagundes, é a sensação de certeza de que ainda há o que viver e experimentar enquanto jovem que só será saciado de acordo com o avançar da idade. Saudade do futuro, para Pitanga, é a expectativa de que mudanças vindouras acontecerão nas percepções do presente, mas talvez não lhe seja possível assistir a elas. Os dois Antônios sabem o lugar que ocupam no imaginário nacional, com seus diversos personagens, criados por autores e épocas diferentes. Entendem que suas escolhas são firmadas nas possibilidades que o meio social lhes permite inserir-se.

Os personagens audiovisuais dos Antônios revelam muito de um país desigual, etarista, machista, homofóbico e racista. Do mesmo modo que perpetuam modelos, as representações ficcionais possibilitam outras vivências. É daí que vem o poder da imagem. O olhar crítico sobre ela possibilita compreender como a velhice carrega elementos signatários de submissão e transformações em curso. A nostalgia da velhice está na saudade do futuro.

CONSIDERAÇÕES FINAIS

Do que Saturno tem fome

Na mitologia grega, Cronos (ou Saturno, na mitologia romana), o deus do tempo, devora os próprios filhos ao nascerem de Reia, sua mulher. O que move Cronos é o temor de ser destronado por um deles. Ao pintar *Saturno devorando um filho* (1820-23), Francisco de Goya representa um deus grotesco: olhos esbugalhados, cabelos brancos, pele envelhecida em fundo sombrio. Para manter seu poder, esse deus se entrega à crueldade extrema. O corpo do filho é retratado já como adulto, o que amplifica a tensão da obra [Figura 43], em exposição permanente no Museo del Prado, em Madri. Goya representa o tempo que consome a vida humana na irracionalidade da velhice.

Este livro não teria o atrevimento de dar conta de toda a problemática que envolve a velhice masculina em tantas sociedades e épocas distintas, mas se propôs a refletir como as representações lidam com signos da masculinidade envelhecida. Para isso, foram apontadas questões contemporâneas da velhice, à luz de dicotomias do poder da imagem no mal-estar neoliberal, regimento que exacerba a valorização da juventude e desvaloriza tudo que se opõe a ela. A analogia entre conceito contemporâneo de progresso e o descarte dos idosos nas relações sociais abre a possibilidade de aprofundamento das conquistas vindouras no último século.

A heterodoxia da masculinidade envelhecida se divide em quatro aspectos: virilidade, espaço de ocupação, improdutividade e finitude. Trata-se de temas-pilares da masculinidade, posto que falar de sexo é tão tabu quanto falar e pensar na morte. Numa divisão natural dos tabus, o tema do sexo ficou com os jovens; e da morte, com os velhos. Jovem faz sexo, velho morre. Pensar no seu inverso (jovem morre, velho faz sexo) é tão transgressor que nem se cogita essa possibilidade nos meios sociais. Quando um jovem morre, é uma tragédia. Quando velho faz sexo, é um acinte. O homem, regido por um sistema que o coloca em sua grandeza de comando, não é velho enquanto não renunciar a sua condição de homem. Ser homem é ter força, ser viril, ser ativo, ter domínio sobre a vida. É somente ao ser abdicado dessa condição que o homem se compreende velho.

Se começamos esta jornada na interpretação sobre a Antiguidade, desembarcamos na representação do homem branco e negro na ficção audiovisual contemporânea, comparando aspectos da realidade socioeconômica. Ao final, foram abordadas percepções da velhice nos trabalhos dos atores Antônio Pitanga e Antônio Fagundes, por suas contribuições na constituição do imaginário social.

O estudo de representação é um meio perspicaz de compreender a História pelas entrelinhas; mas, além disso, possibilita encontrar outros meios de diálogo com o que é já há tanto tempo consolidado. Assim sendo, uma história preocupada com a mensagem das imagens é uma história aliada ao futuro, que permite rastros a serem posteriormente revelados em seus vestígios.

Potente meio disseminador de imaginários e discursos, produtora de emoções e sentidos, a televisão, assim como o cinema, propaga conhecimento em compreensões de identidade. O produto audiovisual pretende ter diálogo com a realidade, ao simular aproximação de suas representações. Como o nosso tempo é marcado não pelas pinturas rupestres ou pela tinta a óleo sobre tela abundante no Renascimento italiano, por exemplo, mas na linguagem audiovisual, cabe ressaltar quanto somos marcados pelas "imagens que falam". Nossas pinturas dançam.

No que se refere à figura do "homem", conforme a normalidade se masculinizou ao longo da história, também foi sendo aceita a ideia de que cabe ao homem a capacidade de atuação social por mais tempo do que a mulher. A velhice masculina é compreendida tardiamente como consequência de um desgaste biológico posterior à velhice feminina (atrelada ao fim da capacidade de reprodução). A "tardia" velhice masculina assegura sua substituição por outros pares – como a hereditariedade paterna, no âmbito familiar, quando o filho assume os negócios do pai. A substituição de um homem idoso por um jovem, preparado para tal função, prevê a manutenção do modelo centrado nos valores masculinos. É o mito de Cronos se fazendo presente, mas também é a crise da masculinidade se revelando.

Essa "crise", surgida a partir da alteração dos modelos identitários hegemônicos para descrever a condição masculina, é reflexo da maior participação feminina no mercado de trabalho, da compreensão da pluralidade de identidades sexuais, da redefinição do papel paterno, da maior preocupação com o corpo e a estética, além da abrangência de representações disruptivas e o reflexo de uma disputa geracional. É o "velho" sendo trocado pelo "novo" ou, a todo custo, tentando se manter mesmo diante da iminência de sua substituição no lugar de poder decisório (no âmbito familiar e no social).

Nas últimas décadas, os avanços e as conquistas dos movimentos feministas e LGBTQIAPN+ têm ajudado a corroer essa conduta centrada na masculinidade, é verdade. Porém, a sociedade ainda preserva muito dos valores masculinos e as lutas não podem se concentrar unicamente em posicionamentos de mercado. Maior valorização de salários e o almejo de cargos de liderança são bandeiras que devem estar em pauta para diminuir as discrepâncias entre gêneros, porém a inclusão das temáticas da velhice auxilia a percepção de que a manutenção de certos monopólios transcende questões de gênero, cor e classe social. Há uma valorização da juventude que abarca todas as pessoas num conluio que reforça a manutenção de uma mesma ordem.

As pautas identitárias costumam trazer para dentro de seus núcleos pertencentes demandas que a sociedade carece enfrentar. Sem descontextualizá-las, mas promovendo uma certa ruptura de pertencimento com o todo, esses grupos muitas vezes deixam de dialogar com o que lhes é diferente, reproduzindo o mesmo modelo de exclusão do qual são vítimas. Esta afirmação não deve ser lida como crítica a necessárias lutas de grupos historicamente invisibilizados, mas como um entendimento de que a velhice permite um amálgama social de diversas lutas. O envelhecimento é inerente a todo ser humano, ainda que as desigualdades sociais e de gênero promovam sensíveis desnivelamentos, logo o processo biológico do envelhecimento tende a guiar a um só caminho. É na compreensão das lutas de direitos por um envelhecimento saudável que diversos grupos podem se ver semelhantes e dialogar. O incômodo com a possibilidade de uma ordem reversa, o incômodo de se pensar em gêneros neutros ou ainda o incômodo de se entender velhice como agente ativo abre um caminho de transformação. Reforça-se, mais uma vez, que o controle do corpo idoso é parte de um projeto econômico de funcionalidade, que serve perfeitamente ao neoliberalismo vigente.

Pensemos, pois, em outra possibilidade que quebre o registro oficial e o ensinamento das coisas, porque as potências atreladas à masculinidade (virilidade, força e poder) são combustíveis que exacerbam a juventude. Igualmente revolucionário é pensar um ordenamento que permita a inclusão de idosos na tomada de decisões, que comporte aspectos econômicos, que atue em grandes eventos esportivos (adaptados e adaptáveis a limitações corpóreas), que colabore com práticas que não se percam nas dependências familiares, que seja participativo na vida política e jurídica, que sirva de modelo para faixas etárias menores, que esteja na publicidade como foco do consumo de mercadorias e ideias, e, não menos importante, que esteja e se veja representado nos meios comunicacionais – de entretenimento e informacionais.

Numa realidade em que cada vez mais as hegemonias históricas vêm sendo derrubadas, também se estimula a reação ao avanço de mudanças libertárias que tenta assegurar a manutenção de um ideal de masculinidade. Algo desnecessário até poucas décadas atrás, quando prerrogativas de poder atribuídas aos homens eram naturalizadas no regimento de gênero. Por isso a necessidade de inclusão das temáticas etárias a comportamentos estimulados por inclusão de gênero, cor e sexualidade.

É importante estarmos atentos ao movimento contemporâneo que consolida a não binaridade, causando fissura na ideia imutável da masculinidade heteronormativa, esse poder que "não pode ser" questionado e a que todos devem subserviência. Novas representações trazidas pelos serviços de *streaming* fornecem exemplos de construções representativas para isso.

É verdade que o mito de Cronos em seu auge, capaz de vencer o mais jovem e se manter no poder, encontra mais eco nas representações do masculino idoso branco. A representação de velhices masculinas é enquadrada num conjunto de comportamentos que tende à manutenção de uma hierarquia social calcada no racismo estrutural. A masculinidade e o etarismo são pilares sociais. Por isso é imprescindível somar olhares e refinar a escuta; os rastros e ruídos estão nos detalhes.

As representações artísticas reforçam modelos que ajudam na manutenção de uma ordem social. Por acreditarmos que a sempre bem-vinda abertura dos meios de comunicação a temas ditos progressistas contribui com práticas de inclusão, é preciso cobrar ênfase na abordagem de velhices. Mas não sem pensar na necessidade de que somente outro modelo de desenvolvimento socioeconômico seria capaz de reverter as pústulas que corroem a dignidade de determinados grupos.

Falar sobre idosos é, muitas vezes, refletir sobre o que se pretende para um projeto de futuro. Aliás, futuro é uma palavra que este trabalho tentou, de algum modo, ressignificar. Posto que só nossas versões envelhecidas chegam ao futuro. Entretanto, em cenários que aprofundam desigualdades e crises ininterruptas, em que nem o presente está assegurado, é também necessário se questionar *quem são aqueles* que poderão se tornar idosos. A imagem está sempre a serviço dessa resposta, e a ausência de certas imagens também. Vencendo adversidades ou provando privilégios, a velhice é sinal de que o futuro, apesar de tudo, deu certo.

AGRADECIMENTOS

Este livro é uma adaptação de parte da tese de doutorado "Dois Antônios, várias velhices: representações sociais da masculinidade do audiovisual", defendida no Programa de Pós-Graduação em Comunicação da Pontifícia Universidade Católica do Rio de Janeiro (PPGCOM da PUC-Rio) em dezembro de 2022. O período da pesquisa compreendeu a pandemia de covid-19, que, no Brasil, desnudou o descaso com a população mais velha sob a égide do neoliberalismo. Sua finalização se deu quando foi possível de novo sonhar com o futuro, a partir da vacinação da população brasileira. A tese original passou por ajustes necessários à publicação editorial. Os agradecimentos se estendem a todos que defenderam e lutaram pela ciência em tempos recentes tão cruéis.

Assim como também são cabíveis meus mais profundos agradecimentos à orientação da professora Tatiana Siciliano, pelo estímulo e parceria intelectual na elaboração do trabalho, sem a qual não seria possível sua realização; aos demais professores e funcionários do PPGCOM da PUC-Rio, representados na figura de Marise Lira; aos professores Gisela Castro (ESPM-SP), Celina Azevedo (PUC-SP), Eduardo Miranda (PUC-Rio), Igor Sacramento (Fiocruz/UFRJ) e Lucas Gamonal (UERJ), que compuseram a banca avaliadora em uma leitura minuciosa sobre esta escrita; à amiga e também pesquisadora

Rosane Svartman, pela generosa apresentação deste livro, escrita enquanto ela estava imersa na criação da tão bem-sucedida novela *Vai na fé*, da TV Globo; aos colegas do grupo de pesquisa Narrativas da Vida Moderna na Cultura Midiática – Dos Folhetins às Séries Audiovisuais (NARFIC), tanto pela amizade quanto pelas trocas riquíssimas que compõem a evolução de todo pesquisador; à minha mãe, Telma, pela educação, atenção e carinho de todas as horas; a Tarsila, pelo estímulo; a Raphael, pela companhia, apoio e escuta; a Alexandra Martins e Gisele Machado, pelo auxílio com a marcação das entrevistas com os atores; a João Victor Rodrigues, por me nortear lá atrás no mundo acadêmico; aos tantos outros amigos que me ajudaram, em algum momento dessa trajetória da pesquisa, como Libário Nogueira, Marcio Damasceno, Maria Carolina Medeiros, Mariana Dias, Monica Weinberg, Patrick Monteiro, Paula Frascari, Tatiana Helich, Thais Cabral e a outros mais; aos atores Antônio Pitanga e Antônio Fagundes, fundamentais a este resultado, pelo tempo disponibilizado, confiança empregada e empréstimo de suas memórias; aos meus avós Jair, Adna, João e Tiana, que, mesmo não tendo presenciado a conclusão deste ciclo, compunham minhas memórias iniciais sobre a velhice; e, por fim, à CAPES pelo apoio financeiro durante a pesquisa.

Filho oferece remédio à boca do pai, em uma embarcação no rio Nilo |
Filho ao centro da imagem segura os pais pelas mãos, como forma de cuidado |
Detalhe de hieróglifos na tumba de Betoseirs – oferendas ao pai falecido

Vênus de Milo (provavelmente produzida entre 100 a.C. e 190 a.C.), de autor desconhecido | *Laocoonte e seus filhos* (entre 27 a.C. e 68 a.C.), atribuída aos escultores Agesandro, Atenodoro e Polidoro

Pintura neoclássica francesa *A morte de Sócrates* (1787), de Jacques Louis David | Estátuas em estilo neoclássico de Sócrates e Platão em frente à Academia de Atenas

Pintura *A morte de Sêneca*, de Peter Paul Rubens (1615) | Busto *Pseudo-Seneca* (final do século I a.C.) | Estátua *Augusto de Prima Porta* (século V a.C.)

Representações de *Oxalá Oxalufan* e *Preto Velho*

Danse Macabre, de Bernt Notke (1493)

Três idades e a morte (1510) | *As idades e a morte* (1539)
Ambas de Hans Baldung

A extração da pedra da loucura, de Hieronymus Bosch (1501)

A invenção da velhice masculina 209

A parábola dos cegos, de Pieter Bruegel (1568) | Detalhe da figura idosa entre homens mais novos

A criação de Adão (por volta de 1511), de Michelangelo

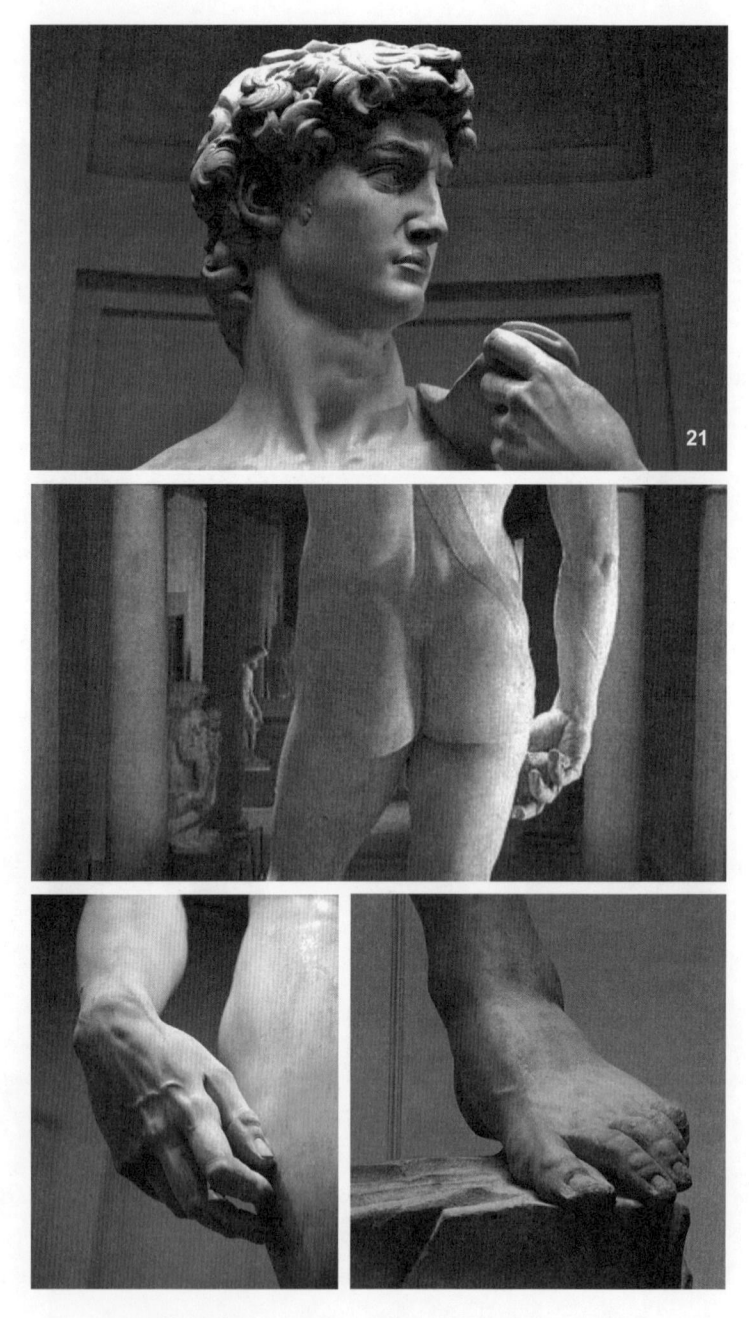

Detalhes de *Davi* (por volta de 1502), de Michelangelo

21

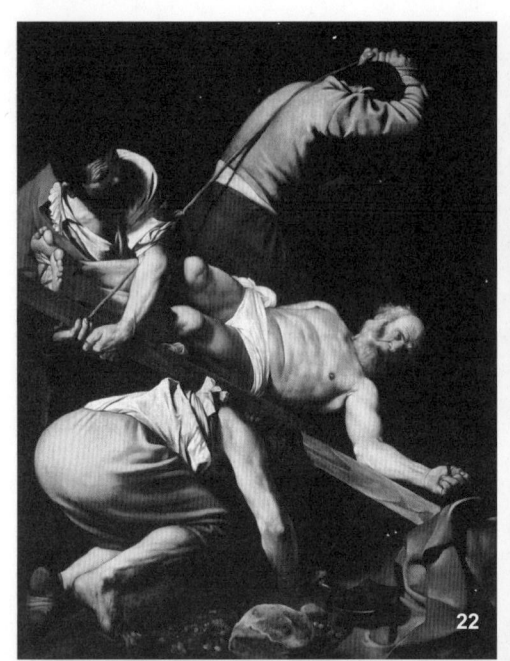

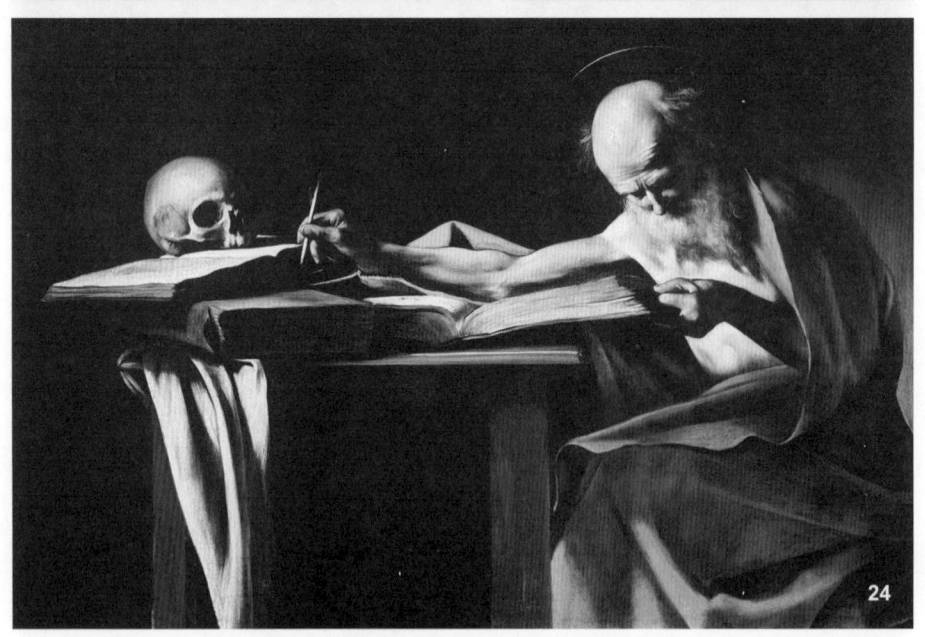

Crucificação de São Pedro (1661) | *São Mateus e o anjo* (1602) | *São Jerônimo escrevendo* (1606). Todas de Caravaggio

A invenção da velhice masculina

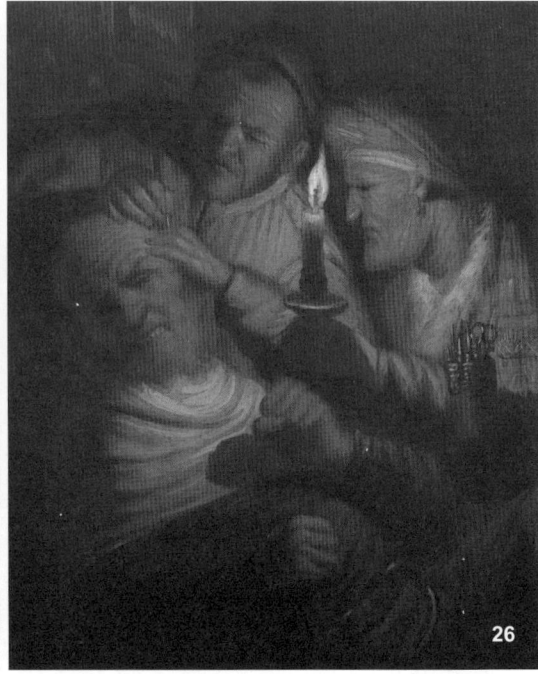

São Pedro penitente (1679), de Bartolomé Esteban Murillo | *Operação da pedra da loucura* (1624), de Rembrandt

Dois anciãos (1819) | *Dois velhos comendo sopa* (1819-23), de Goya

Mulher velha com um rosário (1896) | *Louis Auguste Cézanne* (1866), de Paul Cézanne

A invenção da velhice masculina 215

Velho homem fazendeiro | *Velho na tristeza*
Ambas de 1890, de Vincent van Gogh

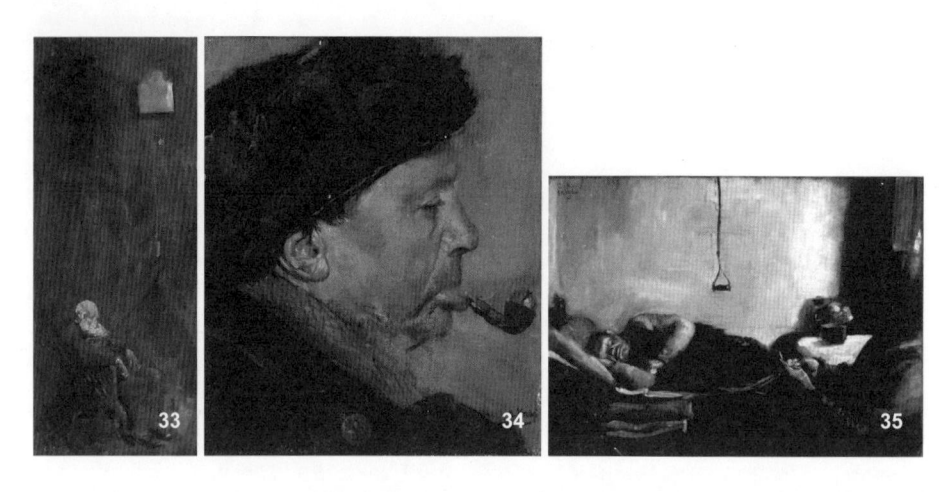

Five to twelve (1924) | *Retrato de Niels Gaihede* (1888) |
The net mender (1879), de Christian Krohg

Mendigo cego com um menino (1903), de Pablo Picasso |
Retirantes (1944), de Cândido Portinari

Os amantes (1928) | *L'idee* (1966). Ambas de René Magritte

Um funcionário a passeio com sua família (1830), de Jean-Baptiste Debret

Casal idoso dançando, de Severino Vitalino |
Voltando do roçado, de Manuel Eudócio. Ambas de Alto do Moura, Caruaru-PE

Saturno devorando um filho (1820-23), de Goya

REFERÊNCIAS

ABIB, Roberto; SACRAMENTO, Igor. O ethos de um guerreiro: o testemunho de Reynaldo Gianecchini sobre o câncer. **Intexto**, Porto Alegre, n. 52, jan-dez 2021.

ADAID, Felipe. Uma discussão sobre o falocentrismo e a homofobia. **Revista Brasileira de Sexualidade Humana**. v. 27, n.1, p. 73-80, 2016.

ADORNO, Theodor. **Minima Moralia**. Trad. de Artur Morão. Lisboa: Edições 70, 2001.

AGAMBEN, Giorgio. **Ideia de Prosa**. 1ª ed., 2ª reimpressão. Belo Horizonte: Autêntica, 2016.

ALBUQUERQUE JÚNIOR, Durval Muniz de. **Nordestino**: uma invenção do falo – uma história do gênero masculino (Nordeste – 1920/1940). Maceió: Edições Catavento, 2003.

ALMEIDA, Silvio Luiz de. **Racismo estrutural**. Coleção Feminismos Plurais. São Paulo: Sueli Carneiro; Pólen, 2019.

ALMEIDA, Miguel Vale de. Gênero, masculinidade e poder: revendo um caso do sul de Portugal. **Anuário Antropológico**, v.20, n.1, p.161-189, 1996.

AMBRA, Pedro Eduardo Silva. **O que é um homem?** Psicanálise e história da masculinidade no Ocidente. São Paulo: Annablume, 2015.

ARENDT, Hannah. **Poder e violência**. Rio de Janeiro: Relume Dumará, 2001.

ARIÉS, Philippe. **História de la muerte em Occidente**: De la Edad Media hasta nuestros días. Barcelona: El Acantilado, 2000.

ARISTÓTELES. **Arte retórica e arte política**. Livro 8. São Paulo: Difusão Europeia do Livro, 1959.

_____. **Metafísica**. Livros 1 e 2. Trad. de Vincenso Cocco *et al.* São Paulo: Abril Cultural, 1979.

_____. **Poética**. Trad. e notas de Ana Maria Valente. 3ª ed. Lisboa: Edição da Fundação Calouste Gulbenkian, 2008.

BAUMAN, Zygmunt. "Between us, the generations", in J. Larrosa (ed.), **On generations**. On coexistence between generations. Barcelona: Fundació Viure i Conviure, pp. 365-376, 2007.

BEAUVOIR, Simone de. **O segundo sexo**. Os fatos e os mitos. São Paulo: Difusão Europeia, [1949] 1967.

_____. **A velhice**. 3ª ed. Trad. de Maria Helena Franco Martins. Rio de Janeiro: Nova Fronteira, 1990.

BENJAMIN, Walter. O contador de histórias. In: BENJAMIN, Walter. **A arte de contar histórias**. São Paulo: Hedra, p. 19-58, [1936] 1994.

BOEHM, Gottfried. Aquilo que se mostra. Sobre a diferença icônica. In: **Pensar a imagem**. Emmanuel Alloa (org.). Belo Horizonte: Autêntica Editora, 2015.

BOURDIEU, Pierre. **O poder simbólico**. Trad. de Fernando Tomaz. Rio de Janeiro: Bertrand Brasil, 1989.

_____. A ilusão biográfica. In: FERREIRA, Marieta de Morais; AMADO, Janaina. **Usos e abusos da história oral**. Rio de Janeiro: Editora da FGV, 1998.

_____. **A dominação masculina**. Rio de Janeiro: Bertrand, 1999.

CARDOSO, Lourenço. O branco-objeto: o movimento negro situando a branquitude. **Instrumento – Revista de estudo e pesquisa em educação,** Juiz de Fora, v. 13, n. 1, jan-jun 2011.

CASTRO, Gisela. Velho é o seu preconceito: comunicação e consumo em tempos de longevidade. **Revista da ESPM**, ano 24, ed.113, n.4. out-dez 2018.

CHALHOUB, Sidney. **Cidade febril**: cortiços e epidemias na corte imperial. São Paulo: Cia das Letras, 1996.

CHICANGANA-BAYONA, Yobenj Aucardo. **Imagens de canibais e selvagens do novo mundo**. Do maravilhoso medieval ao exótico colonial (séculos XV-XVII). Campinas: Editora Unicamp, 2017.

CÍCERO, M. T. **De Senectute**: Saber envelhecer – Seguido de A amizade. Trad. de Paulo Neves. 1ª ed. Porto Alegre: L&PM, 1997.

COLLOMP, Alain. Famílias – habitações e coabitações. In: ARIÈS, Philippe; BUBY, Georges. **História da vida privada 3**: Da Renascença ao Século das Luzes. Roger Chartier (org.). Trad. de Hildegard Feist. 1ª reimpressão. São Paulo: Cia das Letras, 2009.

CONFÚCIO. **Os analectos**. Trad. de Caroline Chang. Porto Alegre: L&PM, 2011.

CONNELL, Robert; MESSERSCHMIDT, James W. Masculinidade hegemônica: repensando o conceito. **Estudos Feministas**, v.21, n.1, p. 241-281, jan-abr de 2013.

CORBIN, Alain; COURTINE, Jean-Jacques; VIGARELLO, Georges (orgs). **História da virilidade** (1. A invenção da virilidade, da antiguidade às Luzes). Petrópolis: Ed: Vozes, 2013.

DA MATTA, Roberto. **Carnavais, malandros e heróis:** para uma sociologia do dilema brasileiro. Rio de Janeiro: Rocco, 1979.

DEBERT, Guita Grin. **A reinvenção da velhice**: socialização e reprivatização do envelhecimento. São Paulo: EdUSP, Fapesp, 1999.

DELEUZE, Gilles; GUATTARI, Félix. **O Anti-Édipo**: capitalismo e esquizofrenia. São Paulo: 34, 2010.

DEL PRIORE, Mary. **D. Maria I.** As perdas e as glórias da rainha que entrou para a história como "a louca". São Paulo: Benvirá, 2019.

DIAS, Ricardo. A velhice e o envelhecimento do ator: entre o palco e os bastidores. **Dissertação (Estudos Pós-graduados em Gerontologia)**. PUC-SP, 2007.

DIDI-HUBERMAN, Georges. **Diante da imagem**: questão colocada aos fins de uma história da arte. Trad. de Paulo Neves. São Paulo: Editora 34, 2013.

DURKHEIM, Émile. **As formas elementares da vida religiosa**: o sistema totêmico na Austrália. SP: Martins Fontes, [1912] 2009.

EAGLY, Alice H.; CARLI, Linda L. Women and men as leaders. In: ANTONAKIS, J; CIANCIOLO, A.T.; STERNBERG, R. J. **The nature of leadership**. Thousand Oaks, CA: Sage Publications, 2004.

ECO, Umberto. **História da feiura**. Rio de Janeiro: Record, 2014.

ELIAS, Norbert. O processo civilizador, v. I. **Uma história dos costumes**. Trad. de Ruy Junomann. 2ª ed. Rio de Janeiro: Zahar, [1939] 1990.

_____. **Sobre o tempo**. Rio de Janeiro: Zahar, [1984] 1998.

_____. **A solidão dos moribundos** - seguido de Envelhecer e morrer. Trad. de Plínio Dentzien. Rio de Janeiro: Zahar, 2001.

ENGELS, Friedrich. A origem da família, da propriedade privada e do Estado. Trad. de Leandro Konder. In: MARX, Karl; ENGELS, Friedrich. **Obras escolhidas**, v.3. São Paulo: Alfa-Omega, [1884] 2019.

FANON, Franz. **Pele negra, máscaras brancas**. Salvador: Livraria Fator, 1983.

FORTY, Adrian. **Objetos de desejo** – Design e sociedade desde 1750. Trad. de Pedro Maia Soares. São Paulo: Cosac & Naify, 2007.

FOUCAULT, Michel. **Vigiar e punir**: nascimento da prisão. Trad. de Raquel Ramalhete. Petrópolis: Vozes, 1987.

_____. **O corpo utópico**: As heterotopias. Trad. de Salma Tannus, Muchail. São Paulo: n.1 Edições, 2013.

FRANKENBERG, Ruth. A miragem de uma branquidade não marcada. In: WARE, Vron (org.) **Branquidade**: identidade branca e multiculturalismo. Rio de Janeiro: Garamond, 2004.

FRENCH, J.R.; RAVEN, Bertram. The bases of social power. In: KELLERMAN, Barbara. **Political leadership**: a source book. Pittsburgh, PA: The University of Pittsburgh Press, 1984.

FREYRE, Gilberto. **Ordem e progresso**. 3ª ed., Rio de Janeiro: José Olympio, 1974.

_____. **Casa-grande e senzala**. Formação da família brasileira sob o regime da economia patriarcal. 48ª ed. São Paulo: Global, [1933] 2003.

_____. **Sobrados e mucambos**. Decadência do patriarcado rural e desenvolvimento do urbano. 1ª ed. digital. São Paulo: Global, 2013.

GOFFMAN, Erving. **Estigma**. Notas sobre a manipulação da identidade deteriorada. 4ª ed. Rio de Janeiro: LTC, [1963] 2008.

GOMBRICH, E. H. **Mediações sobre um cavalinho de pau**. E outros ensaios sobre a teoria da arte. Trad. de Geraldo Gerson de Souza. São Paulo: EdUSP, 2001.

GOMES, Romeu; GRANJA, Edna Mirtes dos Santos; HONORATO, Eduardo Jorge Sant'Ana; RISCADO, Jorge Luís de Souza. Corpos masculinos no campo da saúde: ancoragens na literatura. Revista **Ciência & Saúde Coletiva**, ed.19, n.1, p.165-172, 2014.

GOMES, Romeu. **Sexualidade masculina, gênero e saúde** [Coleção Criança, Mulher e Saúde]. Rio de Janeiro: Editora Fiocruz, 2008.

GONZALEZ, Lélia. Por um feminismo afro-latino-americano. In: **Caderno de formação política do círculo Palmarino**. São Paulo, n.1, 2011.

GORENDER, Jacob. **O escravismo colonial**. 4ª ed. São Paulo: Ática, 1985.

GROPPO, Luis Antonio. **Juventude**: ensaios sobre sociologia e história das juventudes modernas. Rio de Janeiro: Editora Difel, 2000.

HALL, Stuart; WOODWARD, Kathryn. **Identidade e diferença**. A perspectiva dos estudos Cultcurais. Trad. de Tomaz Tadeu da Silva. Petrópolis: Vozes, 2003.

HEGEL, G. W. F. **Filosofia do Direito**. Linhas fundamentais da filosofia do Direito ou Direito Natural e ciência do Estado em compêndio. Trad. de Paulo Meneses *et al*. São Leopoldo: Unisinos, 2010.

_____. **A fenomenologia do espírito**. 8ª ed. Petrópolis: Vozes, 2013.

HEIDEGGER, Martin. **Ser e tempo**. Parte II. Trad. de Marcia Sá Cavalvante Schuback. 13ª ed. Petrópolis: Editora Vozes, [1927] 2005.

HENNING, Carlos Eduardo; DEBERT, Guita Grin. Velhice, gênero e sexualidade: revisando debates e apresentando tendências contemporâneas. In: **Estudos sobre envelhecimento**, v. 26, n. 63, dezembro de 2015.

HUIZINGA, Johan. **O declínio da Idade Média**. Trad. de Augusto Abelaira. 2ª ed. Lisboa: Ulisseia, 1978.

ISAACSON, Walter. **Leonardo da Vinci**. Trad. de André Czarnobai. Rio de Janeiro: Intrínseca, 2017.

KELLERMAN, Barbara. **Political leadership**: a source book. Pittsburgh: University of Pittsburgh Press, 1984.

KIMMEL, Michael S. A produção simultânea de masculinidades hegemônicas e subalternas. **Horizontes antropológicos**. Porto Alegre, ano 4, n. 9, pp. 103-117, out. 1998.

KRENAK, Ailton. **O amanhã não está à venda**. São Paulo: Companhia das Letras, 2020.

LACAN, Jacques. A significação do falo. In: **Escritos**. Rio de Janeiro: Zahar, 2001.

LAO-TZY. Tao-te King. **O livro do sentido da vida**. Trad. de Margit Marticia. São Paulo: Pensamento, 1999.

LE BRETON, David. **A sociologia do corpo**. 4ª ed. Rio de Janeiro: Vozes, 2010.

LE GOFF, Jacques. **O homem medieval**. Lisboa: Presença, 1989.

LERNER, Guerda. **La creación del patriarcado**. Barcelona: Editorial Crítica, 1990.

LÉVI-STRAUSS, Claude. Introdução à obra de Marcel Mauss. In: MAUSS, M. **Sociologia e antropologia**. São Paulo: EPU/EdUSP, 1974.

MARQUÉS, Josep-Vicent. Varon y patriarcado. In: **Masculinidad/es**. Poder y crisis. Teresa Valdés y José Olavarría (org.). Ediciones de las mujeres. n.24, Santiago do Chile, 1997.

MARX, Karl. **Manifesto do Partido Comunista** [versão online]. Trad. de José Barata Moura. Lisboa: Editorial Avante!, 1997.

_____. **O capital**: crítica da economia política: O processo de produção do capital. 16ª ed. Rio de Janeiro: Civilização Brasileira, [1867] 1998.

MAUSS, Marcel; DURKHEIM, Émile. **Ensaios de sociologia**. São Paulo: Perspectiva, [1971]. 2009.

MBEMBE, Achille. Necropolítica. **Revista Temáticas - Arte & Ensaios**. n.32, dezembro de 2016.

MORATELLI, Valmir; SICILIANO, Tatiana. O idoso equilibrista: a temática da morte em narrativas de humor e de drama nas séries de TV. **Revista Tropos**: Comunicação, Sociedade e Cultura, v.9, n.1, jul. 2020.

MORIN, Edgar. **É hora de mudarmos de via**. As lições do coronavírus. Rio de Janeiro: Bertrand, 2020.

NASCIMENTO, Abdias. **O genocídio do negro brasileiro**: processo de um racismo mascarado. Rio de Janeiro: Paz e Terra, 1978.

NOLASCO, Sócrates. O apagão da masculinidade? **Trabalho e Sociedade**, Rio de Janeiro, ano 1, n.2. Dez. 2001.

_____. **O mito da masculinidade**. Rio de Janeiro: Rocco, 1993.

OLIVEIRA, Pedro Paulo de. **A construção social da masculinidade**. Belo Horizonte: Ed. UFMG; Rio de Janeiro: IUPERJ, 2004.

OLIVEIRA, Zuleica. A provisão da família: redefinição ou manutenção dos papéis? In: ARAÚJO, C. & SCALON, C. (orgs.). **Gênero, família e trabalho no Brasil**. Rio de Janeiro: Editora FGV, 2005.

OLIVEIRA, Carlos Daudt de (Trad.). **A epopeia de Gilgamesh**. São Paulo: Martins Fontes, 2001.

ONCIÈRE, Charles de La. A vida privada dos notáveis toscanos no limiar da Renascença. In: ARIÈS, Philippe; BUBY, Georges. **História da vida privada 2**: Da Europa feudal à Renascença. Georges Duby (org.). Trad. de Maria Lúcia Machado. São Paulo: Cia das Letras, 2009.

PINHO, Osmundo. Etnografias do Brau: corpo masculinidade e raça na reafricanização em Salvador. **Estudos Feministas**, v. 13, n. 1, pp. 127-145, 2005.

PLATÃO. **A República**. Livro 7. Trad. de Elza Moreira Marcelina. Brasília: UnB, 1985.

RABELO, Dóris Firmino *et al*. Racismo e envelhecimento da população negra. **Revista Kairós-Gerontologia**, v. 21, n. 3, pp. 193-215. São Paulo: FACHS/NEPE/PEPGG/PUC-SP, 2018.

RAMÍREZ, Rafael Luis. Nosotros los boricuas. In: **Masculinidad/es**. Poder y crisis. Teresa Valdés y José Olavarría (org.). Ediciones de las mujeres. n.24, Santiago do Chile, 1997.

RODRIGUES, José Carlos. **O tabu do corpo**. Rio de Janeiro: Edições Achiamé, 1975.

ROUCHE, Michel. Alta Idade Média ocidental. In: ARIÈS, Philippe; BUBY, Georges (dir.). **História da vida privada 1**: do Império Romano ao ano mil. Trad. de Hildegard Feist. São Paulo: Cia das Letras, 2009.

SACRAMENTO, Igor; BRASILIENSE, Danielle Ramos; SANCHES, Julio Cesar. A fábrica de monstros: performances da masculinidade em entrevistas com Léo Stronda. **Contracampo**, Niterói, v. 39, n. 2, pp. 164-177, ago-nov 2020.

SANTOS, Boaventura de Sousa. Uma sociologia das ausências e uma sociologia das emergências. In: _____. **A gramática do tempo**: para uma nova cultura política. Para um novo senso comum: a ciência, o direito e a política na transição paradigmática. V. 4, Porto: Edições Afrontamento, 2006.

SÊNECA, Lúcio Anneo. **Da tranquilidade da alma**. Trad. de Giulio Leoni. São Paulo: Nova Cultura, 1982.

_____. **Sobre a brevidade da vida**. Trad. de Lúcia Sá Rebello, Ellen Itanajara Neves Vranas e Gabriel Nocchi Macedo. V. 548. Porto Alegre: L&PM Pocket, 2019.

SMITH, Adam. **A riqueza das nações**. V. 1. São Paulo: Nova Cultural, 1988.

SOUZA, Vanderlei Sebastião de; SANTOS, Ricardo Ventura. O congresso universal de raças. Londres, 1911: contextos, temas e debates. **Ciências Humanas**, Belém, v. 7, n. 3, pp. 745-760, set-dez 2012.

TAMEN, Pedro (Trad.). **Gilgamesh**, rei de Uruk. São Paulo: Ars Poetica, 1992.

TREVISAN, João Silvério. **Devassos no paraíso**. A homossexualidade no Brasil, da colônia à atualidade. 4ª ed. Rio de Janeiro: Record, 2000.

PAUSÂNIAS. **Description of Greece**. V. 1. Londres: Forgotten Books, 2018.

VÁRIOS. **A regra de São Bento**. Trad. de D. João Evangelista Enout. 4ª ed. Rio de Janeiro: Lumen Christi, 2012.

VIGARELLO, Georges. **História da beleza**. Trad. de Léo Schlafman. Rio de Janeiro: Ediouro, 2006.

VILHENA, Junia; ROSA, Carlos Mendes; NOVAES, Joana. Narrando dores. A tatuagem como narrativa. **Cadernos de Psicanálise**. CPRJ, Rio de Janeiro, v. 37, n. 33, pp. 129-154, jul/dez 2015.

WEBER, Max. **A ética protestante e o espírito do capitalismo**. 2ª ed. São Paulo: Pioneira Thomson Learning, 2001.